Joseph Alexander Freiherr von Helfert

Nach dem Reichsrathe

Eine Stimme aus Böhmen

Joseph Alexander Freiherr von Helfert

Nach dem Reichsrathe
Eine Stimme aus Böhmen

ISBN/EAN: 9783743684058

Hergestellt in Europa, USA, Kanada, Australien, Japan

Cover: Foto ©ninafisch / pixelio.de

Weitere Bücher finden Sie auf **www.hansebooks.com**

Nach dem Reichsrathe.

Eine Stimme

aus

Böhmen.

München 1860.

Verlag von Chr. Kaiser.

—onewitz den 15. September.

Ame de mon ame!

Ja, unser bischen Französisch müssen wir auffrischen und das tüchtig! Suchen Sie Ihren Meidinger oder Debonnale oder Machat oder Rammstein wieder hervor, das ist der erste Rath, den ich Ihnen ertheile. Die Rheinlande so sagt man uns, sind schon halb französisch. In Berlin, so berichten ihm seine Späher, macht der Bonapartismus von Tag zu Tag größere Fortschritte. In Galizien, so erfahre ich, lassen adeliche Familien ihre hoffnungsvolle Jugend nur polnisch und französisch erziehen. In Magdharien geschieht dasselbe. Darum sage ich nochmals, frischen wir unser Französisch auf; wir können nicht wissen wann wir es brauchen; man muß heutzutage auf alles gefaßt sein und, tranchons le mot, der Imperator sieht es gerne und die künftige Weltherrschaft verlangt es. . . .

Doch, pardon, mon cher, nicht über äußere Politik wollten Sie ja von mir etwas vernehmen; über unsere innere Lage, über unsere Zukunft, über unsere Möglichkeiten wünschten Sie meine Meinung zu hören, in der ausgesprochenen Absicht, damit, wie vor neun Jahren, in die Oeffentlichkeit zu rücken!

> Vor neun Jahren zog ich hin
> mir das goldne Vließ zu holen,
> das dem Spanier ewig lockt...

Nicht doch! Wie komme ich nur auf dieses Citat?.... Obgleich es seinem Ursprung nach auf unsere Verhältnisse zu passen scheint; denn es ist aus der „Schuld"!

Doch das wollte ich nicht sagen! Vor neun Jahren —

> wie ganz anders anders war es da!
> Als man Deine Tempel noch bekränzte
> Romas Anathusia! — —

So komme ich denn heute aus den Citaten nicht heraus? Manche Tage bin ich wie eine Spieluhr: man braucht mich nur aufzuziehen, und man hat Stückchen aus allen Opern.

Aber endlich einmal im Ernst gesprochen. Ich stehe nicht mehr da, wo ich vor neun Jahren stand. Ich bedauere nicht mehr da zu stehen, wo ich vor neun Jahren stand.

Nicht daß sich meine Anschauungen und Neigungen geändert hätten; ich würde nie Anstand tragen dieß offen zu bekennen. Sapientis est consilium mutare! Wer aus Ueberzeugung eine reifere Meinung an die Stelle einer unfertigeren Ansicht setzt, beweist damit nur, daß er heute gescheiter ist, als er gestern war oder, wie sich etwas trivialer der Oberlandesgerichtsrath A. ausdrückte, als er zum erstenmale an dem Rathstische des Collegiums mit triftigen Gründen eine abweichende Ansicht gegen den bis dahin eingewohnten Schlendrian verfocht und ihm sein Nebenmann in's Ohr raunte, „er habe recht, aber man habe früher so entschieden, man könne daher auch jetzt nicht anders entscheiden." — „„Herr Collega"", raunte ihm jener zurück, „„es ist besser zu sagen ich war ein Esel, als ich bin ein Esel.""

Aber das ist es nicht. Ich spreche heute anders als ich damals gesprochen, nicht weil ich seitdem um neun Jahre älter und folglich, so schmeichle ich mir, um neun Jahre klüger geworden bin, sondern weil die Zustände, die ich im Jahre 1851 um mich zu gewahren glaubte, im Jahre 1860 eine von Grund aus andere Gestalt angenommen haben. Im Jahre 1851 war ich vom Wirbel bis zur Zehe Majoritätler. Mein ganzes Büchlein drehte sich um „historisch-politische" Institutionen, um das „anknüpfen" an dieselben, um ein Weiterbauen auf dem gegebenen Boden; denn ich hielt damals jene Institutionen noch für lebenskräftig, ich hielt die Träger derselben noch für willensfähig, ich haranguirte sie, sich aufzuraffen, an die Spitze ihres Volks zu treten, ich muthete ihnen zu, seine wohlwollenden und einsichtsvollen Führer zu sein. Von alle dem ist jedoch mittlerweile nichts geschehen; kein Mäcenas ist in meinem Vaterlande aufgestanden; die Träger der historisch-politischen Institutionen haben sich in ihre Schlösser zurückgezogen oder sind außer Landes gegangen; sie haben keinen Sinn und kein Herz gezeigt für die geistigen Interessen des Volkes, dem sie denn doch zum wenigsten durch ihren Grundbesitz angehören. Und so ist denn geschehen was nicht ausbleiben konnte. Das Andenken an die historisch-politischen Institutionen von ehedem ist im Volke erloschen, vollends erloschen. Man sage was man wolle: Kein Mensch im Lande sehnt sich nach einem Wiederaufbau derselben als etwa einige Herren, die in der vormaligen Landtagsstube gesessen sind oder heute darin zu sitzen kommen würden. Historische Institutionen aber, die ihren Halt in dem lebendigen Bewußtsein und in den Wünschen des Hauptstammes der Bevölkerung verloren haben, wiegen in ihrer praktischen Geltung nicht schwerer als ganz neue Institutionen. An das, was gestorben und begraben ist, läßt sich nichts Lebenskräftiges anknüpfen. Dieß ist der Grund, warum ich heute nicht mehr dort stehe, wo ich vor neun Jahren gestanden habe; warum ich heute nur Bedauern kann nicht mehr dort stehen zu können.

Das ist die negative Seite meiner heutigen Anschauungen; aber Sie wünschen die positive kennen zu lernen. Freundchen, das geht nicht so geschwind. Und dann habe ich jetzt soviel mit der aufmerksamen Verfolgung der Reichsrathsverhandlungen zu thun, deren Lectüre alle meine freie Zeit aufzehrt! Warten Sie also, Liebster, jedenfalls solange bis ich damit zu Ende bin; dann will ich sehen ob ich Ihnen gerecht werden kann.

Vorerst aber schließen wir unsern Vertrag ab. Sie haben dazumal meine Ergießungen theils wider theils ohne meinen Willen unter den Preßbengel geschoben, Sie sollen es dießmal mit meinem Willen thun. Aber Sie sollen auch, wie Sie es damals gethan, das unverbrüchliche Geheimniß meines Namens wahren.

Sie glauben gar nicht, mein Bester, wie sehr Sie mich durch Ihre Discretion zu Dank verpflichtet, welche angenehme Stunden Sie mir durch Ihren „passiven Widerstand" gegen alle neugierigen Zumuthungen bereitet haben! Kein Mensch in meiner Umgebung hatte eine Ahnung von meiner Autorschaft, obgleich das Büchlein in vielen Händen umherlief. Meine ehemalige „politische" Laufbahn hatten die Leute längst vergessen und hinter dem sonnegebräunten Landjunker vermuthete niemand einen publicisten Epistolographen. Welches

Vergnügen machte es mir dann in meiner Gegenwart über das Schriftchen, ohne daß Jemand einen Gedanken von der unmittelbaren Anwesenheit des Verfassers hatte, reden zu hören, wo ich mir natürlich nie die Freude versagen konnte, gegen das den Ansichten und der Darstellung des Verfassers gespendete Lob meine Stimme zu erheben, Einwürfe zu machen und mich von andern gegen mich selbst vertheidigen zu lassen!

Aber es ist nicht blos dieses Vergnügen allein, dessen Genuß ich mir durch meine Anonymität wieder bereiten möchte, es ist auch die Furcht vor einer Gefahr, die mir damals schon vorschwebte und die heute, wo man wieder herumzusuchen und Rollen zu vertheilen anfängt, näher liegt als dazumal.

Eine der Besprechungen meines Schriftchens, die Sie mir damals zuschickten, sprach den Wunsch aus, es möchte doch gelingen den Verfasser für den öffentlichen Dienst zu gewinnen. Ich bekam eine „Gänsehaut", als ich diese Stelle las. Ich fühle mich in meiner jetzigen Lage so glücklich und zufrieden, ich bin der Laufbahn, die ich nach dem Willen meines guten Vaters betreten, und nach meinem eigenen, nachdem er zur Ruhe gegangen, wieder verlassen hatte, so sehr entfremdet, daß mich ein gelinder Schauder erfaßt, wenn ich daran denke ich könnte wieder in das öffentliche Leben hineingezogen werden. Ich pflanze Rüben, und züchte Rinder, ich dresche Korn und scheere Schafe, ich baue Rips und braue Bier — zum Zuckersieden habe ich es glücklicherweise noch nicht gebracht; — ich lese meine Zeitungen, gieße in Gesellschaft von Freunden meine Kannen, suche mir im Winter meine Lieblingsschriftsteller hervor, befinde mich sehr wohl babei und möchte um alles in der Welt nicht aus diesen

Kreisen gerissen werden. Habe ich vor ein und zwanzig Jahren nicht den Kitzel in mir verspürt auf der Leiter des bureaukratischen Avancements weiter als bis zur Sprosse des „überzähligen" Kreiscommissärs hinanzuklettern, so habe ich um so weniger jetzt von solchen Anfechtungen zu leiden. Und auch sonst wünschte ich in Ruhe zu bleiben. Ich will es nicht darauf ankommen lassen, daß man mich höhnt, anbelfert, herunterreißt; ich will aber eben so wenig gelobhubelt oder gar beadressirt und bedeputationirt, von einem halben Dutzend Künstler abkonterfeit, mit einem Worte, ich will nicht **mager werden**, nachdem sich mir in der Zeit meiner Abgeschiedenheit ein zwar bescheidenes aber wohlerworbenes Bäuchlein angesetzt hat.

Also mein lieber Freund, nochmals reinen Mund! Wenn es Ihnen nicht gelingen sollte Ihr Incognito so zu wahren wie Sie damals das **meinige** gewahrt haben, so bleiben Sie taub gegen alle Fragen und stumm gegen alle Auskünfte. Und wenn man Sie durch Umschweife ausholen wollte, wo denn das räthselhafte —**onewitz** liege, so antworten Sie **mit Witz**: Wo sich der Verfasser dieses Büchleins aufhält.

Hiemit Gott befohlen bis nach dem Reichsrathe!

Liebster! Bester!

— onewitz, 3. October.

Gott sei Lob und Dank, es ist vorüber! Noch zwei höchstens drei Wiener Zeitungen bringt mir die Post, und ich werde dann, einen tiefen Athem schöpfend und mit dankendem Auge gegen Himmel blickend, ausrufen können: Consummatum est! Nicht, daß mich die Verhandlungen des Reichsrathes nicht im höchsten Grade interessirt hätten! Hätte ich mir denn die Mühe auferlegt sie Buchstab für Buchstab zu lesen? Und wer dürfte noch ferner auf den Namen eines Patrioten Anspruch machen, wenn ihn diese Verhandlungen nicht im höchsten Grade angezogen hätten! Aber Mensch bleibt Mensch! Tag für Tag seine anderthalb, auch wohl zwei Stunden sitzen und 13 bis 14 dreispaltige Quartseiten der Wiener Zeitung gewissenhaft und aufmerksam durchlesen, ist immerhin eine Arbeit, die man, wenn auch noch so willig verrichtet, endlich einmal froh ist hinter sich zu haben.

Wenn Sie mich um die Detaillirung des Interesses fragen, welches ich an dem Verlaufe der Verhandlungen genommen, so ist es zunächst ein **pathologisches**. Der ver=

stärkte Reichsrath, wenn auch nur ein berathender Körper, war an und für sich eine That, deren wohlthätige Folgen, deren tiefgreifende Nachwirkungen, so hoffen wir alle, keinesfalls ausbleiben werden. Darüber will ich nicht weiter reden, das ist schon in den letzten Wochen hundertmal gesagt und wieder gesagt worden. Ich will nur das pathologische Interesse erklären, das ich davon genommen. Es war nämlich nach langen Jahren wieder einmal die Gelegenheit gegeben, sich mit unumwundener Offenheit über die Zustände auszusprechen, die Schäden bloß zu legen, die Mängel aufzudecken, die Wunden und Male des armen Lazarus zu enthüllen, die Befürchtungen und Hoffnungen, die Wünsche und Ansprüche zu formuliren, mit einem Worte dem lange gepreßten Herzen Luft zu machen. Das allein ist schon von Werth. Ist auch hierbei — und wie kann das bei einem Kranken, der seine Leiden schildert, anders sein? — viel übertrieben worden; ist auch — denn die Natur jeder Krankheit führt derlei Täuschungen des Gemeingefühles mit sich — mitunter gerade unrichtiges vorgebracht, der Sitz des Uebels an falschen Stellen gesucht, von dem Selbstarzte auf ganz verkehrte Mittel der Heilung gewiesen worden: so ist doch unendlich viel mehr gesagt worden, was die Wurzel des Uebels richtig erkennen läßt, was die Punkte klar anzeigt, wo eine Abhilfe getroffen werden muß, was dem großen Staatsheilkünstler den einzig wahren Weg andeutet, auf welchem die völlige Genesung gesucht, auf welchem sie gefunden werden muß.

Wissen Sie, was das erste sein wird, was der Kaiser jetzt thun wird? Ich wette Sie wissen es nicht? Aber ich weiß es. Hören Sie, aber schwätzen sie es nicht vor der Zeit aus! Der Kaiser wird in den nächsten Tagen ein halb Dutzend Handbillets erlassen, an den Grafen Rechberg, an den Grafen Goluchowski, an den Baron Thierry, an den Grafen Thun, an den Baron Krauß u. s. w., folgenden Inhalts, wenn auch nicht Wortlauts: „Lieben u. s. w.! Ich habe den verstärkten Reichsrath einberufen und er hat seine erste Session beendet. Ich habe ihn einberufen, auf daß er mir Rathschläge ertheile und er hat mir deren ertheilt. Ich habe ihn geheißen mit unumwundener Offenheit zu reden und er hat mit unumwundener Offenheit geredet. Aber ich habe ihn nicht einberufen, daß er mir Rathschläge ertheile, damit diese sodann in Actenbündel zusammengeschnürt und in die Fächer der Registratur hinterlegt werden! Ich habe ihn nicht geheißen mit unumwundener Offenheit zu reden, damit, was er geredet, wieder verhalle, sobald die akustischen Schwingungen, mit denen er die Luft in Bewegung gesetzt, sich in das Gleichgewicht der Ruhe gesetzt haben. Sondern ich habe ihm Rathschläge abgeheischt, auf daß diese sodann in ernste und gewissenhafte Erwägung gezogen werden, ich habe ihm unumwundene Offenheit abgefordert, auf daß mit ebenso unumwundener Offenheit von Seite meiner Räthe geantwortet werde. Sie empfangen daher hier die Meinungen, Vorschläge, Anträge, Wünsche, Bemängelungen, Beschwerden, Vorwürfe, welche im Laufe der gesammten Verhandlungen in Betreff des Verwaltungszweiges, dessen Besorgung ich Ihnen anvertraut, laut geworden sind; Sie werden jeden einzelnen dieser Punkte in reifliche Erwägung ziehen und mir entweder, insofern sich einige jener Vorbringungen als minder sachgemäß herausstellen sollten, die zweckdienliche Aufklärung und Erläuterung geben oder Ihre Anträge erstatten, was geschehen soll, von den gerügten Uebelständen abzuhelfen. Sie werden, nachdem ich Meine Entschließung Ihnen werde bekannt gegeben haben, dafür Sorge tragen, daß ihre Vorträge unverweilt in der offiziellen Zeitung veröffentlicht werden, damit Meine Völker, welche die patriotischen Wünsche und Vorschläge Meiner Reichsräthe vernommen haben, in gleicher Weise von den Schritten Kenntniß erhalten, welche Meine Regierung in Folge dessen unternommen hat oder zu unternehmen Willens ist." — —

Doch, bester Freund, das pathologische Interesse war keineswegs das einzige, das mir die Lesung der Reichstagsverhandlungen abgewannen; ein zweites war das ästhetische. Sie saßen nicht im Reichsrathe, konnten daher die einzelnen Redner nicht hören. Aber Sie sind gewiß viel mit Personen zusammengekommen, welche Ihnen den unmittelbaren Eindruck schildern konnten, den diese und jene Rede hervorgerufen. Bei mir fällt das eine wie das andere weg. Ich kann nur nach dem urtheilen, was ich und wie ich es gelesen, und da muß ich bekennen, daß mir die Aufeinanderfolge von Rede und Gegenrede, die Schlagfertigkeit, die Sachkenntniß, die Gewandtheit auf beiden Seiten die aufrichtigste Befriedigung verschafft hat und daß ich bei mehr als einem Vortrag überrascht war so große rednerische Talente sich entfalten zu sehen. Und lassen Sie es mich offen gestehen, das Majoritätsvotum hatte in dieser Beziehung den entschiedenen Vorsprung vor dem Gutachten der Minderheit voraus. Gleich die ersten beiden Vorträge des ungarischen und des böhmischen Grafen hätten jedem Parlament der Welt zur Zierde und Ehre gereicht. Abrundung des Stoffes wie Schönheit der Form, Schwung der Gedanken und Eleganz des Ausdruckes vereinigten sich mit einer nicht zu bestreitenden Noblesse der Haltung, um diese beiden Reden als Musterstücke der parlamentarischen Redekunst erscheinen zu lassen. Ich denke Sie werden mir nicht die seither in Verruf gekommene Phrase von der „Maculatur" entgegenhalten. Lesen Sie die Stelle, sie hat nicht den Sinn, welcher ihr von dem Chorführer der Minorität in der ersten Hitze angehängt worden ist und in dem kurzen Zwischenspiele, das sich aus diesem Anlasse entspann, war es nicht Graf Clam, der die Regeln des parlamentarischen nicht nur, sondern selbst des gewöhnlichsten Anstandes verletzte. Uebrigens bin ich weit davon entfernt, allen aristokratischen Reden die Attribute von Eleganz des Ausdruckes und Noblesse der Haltung zuzusprechen; im Gegentheile wurden diese Forderungen von einem und dem andern der Majoritäts-Herren in arger Weise verletzt. Einen loyalen Verfechter der Gegenmeinung mit dem freibeuterischen Namen Garibaldi's auf eine Linie setzen, sei es in was immer für einem Sinne, bleibt unter allen Umständen eine Unzartheit, um den gelindesten Ausdruck zu wählen, den ich für mein Gefühl finden kann. Doch das waren Ausnahmen. Im großen Durchschnitt herrschte Anstand und versöhnende Milde in dem großen Meinungskampfe und die Palme der Redekunst, ich wiederhole es, würde ich keinen Augenblick anstehen, in das Lager der Majorität und vor allen zu den Ungarn zu tragen. Die ungarischen Herren im Reichsrathe hatten vor den andern einen gewaltigen Vorsprung voraus; sie haben eine parlamentarische Praxis hinter sich, welche die andern alle erst vor sich haben. Dabei ist der Ungar gewandt und biegsam, ein geborner Redner, ritterlich in seiner Haltung, liebenswürdig im Umgang, geschmeidig im Benehmen. Wir andern, wenn wir uns nicht sehr sattelfest fühlen, thun immer am besten, den Wortkampf mit ihnen zu meiden; denn, wenn wir uns unbedacht darauf einlassen, ziehen wir den kürzeren. Mir ist in der letzten Zeit mehr als einmal in's Gedächtniß gekommen, was ein alter ungarischer Geschichtschreiber von den Böhmen seiner Zeit sagte, was aber heute buchstäblich von den Ungarn gilt: „Sie thun sich vor allen Nationen durch die Stattlichkeit, Kraft und Schönheit ihrer Gestalt hervor. Sie sind sehr angenehm im Umgang; im Anzug und Aufputz über die Maßen reinlich und kleidsam; geschaffen für die Liebe wie für den Streit; sehr zuthunlich und nur zu geschickt sich gefallen zu machen und Neigung zu gewinnen."

Aber, aber, aber…

Ueber dem ästhetischen Interesse steht das sittliche, über die Redekunst geht der Redeernst, der schönrednerische Standpunkt ist ein anderer als der wahrrednerische.

Soll ich Ihnen den Eindruck beschreiben, den in dieser Hinsicht die Herren aus Ungarn auf mich gemacht? Ich läugne gar nicht und ich zolle hiermit Ihrer Ueberredungskraft meine volle Huldigung, daß mich die Reden mehr als eines von ihnen wahrhaftig hingerissen haben, daß sie mit den Zauberfäden ihrer Worte auch wider Wille ganz an sich heranzogen, daß ich umstrickt und gefangen war, in einen magischen Kreis gebannt, aus dem ich nicht heraustreten konnte — so lange ich sie sprechen hörte. Aber wenn ich dann das Blatt von mir legte, wenn ich meine ruhige Ueberzeugung dem glänzenden Gemälde entgegenhielt, wenn ich aus den Höhen des Ideals, in das sie mich emporgehoben, wieder auf den Boden der Wirklichkeit angelangt war, dann war es immer als ob Schuppen von meinen Augen fielen, als ob die Nebel sich zertheilten — — — Ja, Nebel, das ist das Wort! das nebelhafte, in allgemeinen Umrissen gehaltene, von hohen Sentenzen getragene war so recht eigentlich das Element, in dem sich diese Herren heimisch fühlen; hier stand ihnen eine beneidenswerthe Redefülle zu

Gebote, hier konnten sie in getragener Sprache ihren staats=
männischen Ergüssen freien Lauf lassen. Aber sowie man
den Herren näher auf den Leib rückt, sowie man das Feld
der Thatsachen und Einzelnheiten betritt, sowie man die
nebelhaften Gestalten, um es gerade herauszusagen, von der
Sonne der Wahrheit beleuchten läßt, dann ist es mit allem
künstlichen Zauber vorbei und der natürliche Zauber der
leibhaften Wirklichkeit behält siegreich das Feld.

Oder haben das die ungarischen Herren nicht mehr denn
einmal erfahren müssen? Wie war es doch als das scharfe
Gerede über das Concordat herging? „Das Concordat hat
uns um Jahrhunderte zurückgeworfen; das Concordat bringt
uns unter das römische Joch; das Concordat steht dem
Grundsatze der confessionellen Gleichstellung im Wege", sprachen
die andern; „das Concordat hat die Rechte des Königs von
Ungarn verletzt" sagte der ungarische Graf. „„Halt, mein
bester"", trat der Cardinal dazwischen, „„da haben wir etwas
positives, lassen Sie uns dabei bleiben! Welche Rechte
des Königs von Ungarn hat das Concordat verletzt? Be=
zeichnen Sie nun sie, auf daß ich Rede und Antwort geben
kann!"" Doch so hatte es der erlauchte Graf nicht gemeint,
daß er sollte Rechenschaft geben von dem, was er behauptet.
„Ja, Herr Cardinal, das kann ich Ihnen nicht sagen; das
weiß ich selbst nicht; aber ich habe gute Freunde, von denen
ich darüber sprechen gehört habe; die dürften es wissen!

Wie war es doch, als das scharfe Gerede über die all=
gemeine Verarmung herging? „Entschuldigen Sie, meine
geehrten Herren!" sagte das Finanzdepartement, „hie und
da, in kleinern und in größeren Kreisen mag Verarmung
eingetreten sein; das geht einmal nicht anders in Zeiten
großer politischer, socialer und commerzieller Umwälzung.

Aber von einer allgemeinen Verarmung kann nicht gesprochen werden. Es gibt gewisse Artikel, deren Erzeugung und Verbrauch erfahrungsgemäß als Werthmesser des steigenden oder sinkenden Wohlstandes gilt, als da sind Kaffee, Zucker, Baumwolle, Seife; nun, in allen diesen Artikeln ist Erzeugung und Verbrauch in den letzten zehn Jahren gestiegen: bei Kaffee von so viel auf so viel; bei Zucker von so viel auf so viel; bei Baumwolle von so viel auf so viel; bei Seife von so viel auf so viel; da haben Sie die Ziffern." „„Nichts da"" sagte der Ungar, „„Kaffee und Zucker und Baumwolle sind bei uns keineswegs Werthmesser des Wohlstandes; Seife schon gar nicht! Kaffee sauft man aus Verzweiflung; Zucker nimmt man in sich den Gaumen zu versüßen, wenn uns das Leben verbittert wird; baumwollene Fetzen kauft man, weil man da theurere Tuche und Leinen nicht erschwingen kann; Salz hingegen, Eisen und Leinwand, das sind die wahren Werthmesser."" Darauf die Finanzverwaltung: „Aber, mein lieber Herr; was das betrifft, so wurde ja schon in einer frühern Sitzung nachgewiesen, daß auch diese Artikel sich gegen früher gehoben haben, Eisen von so viel auf so viel; Salz so viel auf so viel...." „„O, das gilt nicht! das Eisen ist nur gestiegen wegen der Eisenbahnen, das Salz ist nicht im Inland verzehrt, sondern in das Ausland geschleppt worden."" — — — Wie sagt Herr Liborius in der Reise auf gemeinschaftliche Unkosten? „Nanu hört allens auf!"

Wie war es doch, als das scharfe Gerede über die Justizpflege hergieng? Ein ungarischer Reichsrath hatte das Wort. Ich hatte mein Vergnügen an der vornehmen Weise, in der er es gebrauchte, wenn ich gleich, durch Erfahrung klug gemacht, mich durch die schöne Form nicht mehr bestechen ließ, meinen besseren Sinn auch nur zeitweise gefangen zu geben. Da kam er auf die altungarische Rechtspflege zu sprechen. „Wie?" dachte ich mir — denn ich halte oft während des Lesens und ohne es zu unterbrechen förmliche Monologe — „die wird der geehrte Herr doch nicht zu vertheidigen unternehmen! das wird er uns doch nicht glauben machen wollen, daß ihre frühere Justiz eine bessere gewesen sei als die jetzige! doch was sehe ich? Er kommt mit Ziffern? darf ich meinen Augen trauen? Vor dem Jahre 1848 hatte die königliche Tafel in Pest, deren Sprengel das gesammte Land umfaßte, jährlich 2000—3000 Processe; jetzt hat das eine Oberlandesgericht von Temesvar 17000 Geschäftsstücke, also das ganze Land, mit den fünf andern Oberlandesgerichten, beiläufig 100,000 Numern. Welche Zeit war die glücklichere?! — — — So der Reichsrath und mit Wärme und mit Pathos sprach er diese Worte. Doch

— mit des Geschickes Mächten
ist kein ew'ger Bund zu flechten
und das Unglück schreitet schnell!

Mit Messern und mit Zahlen ist kein frevelhaftes Spiel zu treiben. Hätte sich der gewandte Redner gleich seinen Vormännern auf dem Gebiete allgemeiner Redensarten bewegt, so würde ihn wahrscheinlich das Justizdepartement ruhig haben gewähren lassen. Aber so kam er auf Ziffern und dabei konnte die Regierung nicht stille bleiben. „Ja wohl kamen im Vormärz aus dem ganzen Lande nur 2000—3000 Processe jährlich zur königlichen Tafel. Aber warum? Weil man in 99 Fällen von 100 an die königliche Tafel nicht appelliren durfte! Die Unadelichen schon gar nicht: die konnten es nur, wenn das Damoklesschwert von 100 Stockprügeln, wohl gezählt und auf einmal, über ihrem — Hinterhaupte — schwebte" — — —

Addio mio caro.

Morgen wieder etwas, denn, ich merke es, ich bin jetzt im Zuge.

Ihr u. s. w.

Den 4.

Guten Morgen, mein Bester!

Die Wiener Zeitungen von gestern habe ich noch nicht in Händen, sie kommen mir erst in einer Stunde zu, Dank unserer trefflichen Postverbindung, die den Umweg über Prag nimmt, wo sie um ein paar gute Stunden von Kolin aus uns die Hand reichen könnte. Ich will inzwischen diesen Brief anfangen und beendigen; denn ich bin, wie ich Ihnen gestern geschrieben im Zuge.

Das Majoritäts=Gutachten!

Ja, wer das so recht verstünde!

Ich habe gestern langmächtig nicht einschlafen können; denn die Ideen, die mich tagsüber beschäftigt hatten, spannen sich fort und aus und ich dialogisirte eine ganze Scene mit einem ungarischen und einem böhmischen Majoritäts=Herrn, die Sie mir, so malte es mir meine aufgeregte Einbildungs=kraft aus, als einem Gegner ihrer Auffassung über den Hals geschickt hatten.

Ja, meine Herren, hub ich nach den ersten Worten ge=genseitiger Begrüßung und Verständigung an, wie meinen

2*

Sie denn das Ding eigentlich? Der Kern Ihrer Ansicht liegt offenbar, wenn ich Ihre Redner richtig verstanden, in dem Begriffe der historisch-politischen Individualitäten. Dieser Begriff besteht aus zwei Elementen, aus dem Hauptworte der Individualität und aus dem Eigenschaftsworte des historisch-politischen. Beginnen wir mit dem Letzteren. Es liegt darin die Anschauung, daß an die politischen Thatsachen und Gebilde der jüngsten Vergangenheit, d. i. derjenigen vor der letzten großen politischen Sündfluth, angeknüpft werden müsse, um den Neubau des Staates zu beginnen, oder, richtiger gesagt, um den Altbau desselben mit neuem Material wieder herzustellen. Ist's nicht so?

„Gewiß!"

Nun wende ich mich an Sie zuerst, lieber Graf! Meinen Sie unsern frühern Prager Postulatenlandtag wieder herzustellen, mit seiner auf die landständische Matrikel des Herren- und Ritterstandes, auf den Prälatenstand und auf das an Zahl eben so geringe wie im Gebaren demüthige Contingent des Bürgerstandes, d. i. der vier privilegirten Stände des Landes gebauten Zusammensetzung?

„Das fällt uns nicht ein! Es soll vielmehr..."

Mit Verlaub. Gönnen Sie mir jetzt die Rolle des Examinators. Und Sie, bester Baron, wollen Sie den früheren Presburger Reichstag wieder herstellen, mit seiner Magnaten- und seiner Deputirten-Tafel, mit seiner durchaus aristokratischen Zusammensetzung der Reichs-Barone, der Grafen und Freiherren, der Edelleute mit den königlichen freien Städten?

„Keineswegs!"

Nun wieder zu Ihnen, verehrter Landsmann! Wollen Sie die Patrimonialgerichtsbarkeit wieder herstellen, wollen

Sie Ihren Verwalter, Direktor, Ihren Rentmeister, Ihren Justiziär wieder zu Herren und Richtern aufstellen über die Städte, Dörfer und Weiler, deren Bewohner seither gleich geworden sind mit Ihnen vor dem Gesetze? Denn daß Sie sie nicht wieder ungleich machen, daß Sie die Scheidewand zwischen Herren und Unterthanen nicht wieder aufrichten, daß Sie die Hand= und Zugfrohnen, die Waisendienste, die Botengänge nicht wieder einführen wollen, das brauche ich Sie nicht erst zu fragen; das könnten Sie nicht mehr, selbst wenn Sie es wollten!

„So wenig ich das letztere, wie Sie ganz richtig bemerken, kann, eben so wenig will ich das erstere!"

Und Sie, Bruder aus Ungarn, haben Sie etwa im Sinne die alten Restaurationen, Deputationen, Congregationen wieder in's Leben zu rufen, mit ihren säbelumgürteten, mitunter auch prügelbewaffneten Votanten, mit ihren nicht wie auf einen Wahlplatz, sondern wie auf eine Wahlstatt anrückenden Parteischaaren, wo nicht die rationelle Meinung der Vernünftigeren, selbst nicht die arithmetische Ueberzahl der Mehreren — Sie wissen, lieber Baron, wie es bei solchen Anlässen mit der Stimmzählung herging! — sondern die dynamische Uebermacht der Stärkeren den Sieg davon trug? Wollen Sie die alte ungarische, von einem Ihrer Landsleute im Reichsrathe gepriesene Justiz wieder einführen, mit allen jenen Anachronismen in der Theorie, mit allen jenen Abnormitäten in der Praxis, die von der Justizverwaltung in eben so kurzen als scharfen Strichen gezeichnet und von keinem der folgenden Redner widerlegt worden sind? Wollen Sie ein wüstes Juratenthum wieder, eine frühreife Universitäts-Jugend wieder, die durch massenhaftes Gepolter und Gejohle in Dingen ihr Votum abgibt, in denen nur Einsicht und Erfahrung, welche Sache des gereiften Mannes sind, das Wort führen sollte?

„Nein, mein Herr, so meine ich die Anknüpfung an unsere früheren politischen Einrichtungen wahrhaftig nicht!"

Aber meine Herren, was bleibt dann von den früheren politischen Institutionen übrig? Sie wollen den alten Landtag, den alten Reichstag, die alten Restaurationen nicht, Sie wollen die Patrimonial-Gerichtsbarkeit, das Unterthänigkeitsverhältniß, die Frohnden und Roboten nicht, Sie wollen den Unterschied zwischen der pars S. Regni coronae von der misera contribuens plebs nicht; was aber bleibt denn, so frage ich, von den früheren politischen Institutionen übrig? Denn eben aus diesen Institutionen bestand ja, das werden Sie mir zugeben, das frühere politische Leben in Ungarn und Böhmen?

„Mein Herr, keiner unserer Redner im Reichsrathe hat das Verlangen ausgedrückt die früheren politischen Institutionen mit ihren nicht zu läugnenden Auswüchsen und Ungemäßheiten wieder in's Leben zu rufen; nur von einem Anknüpfen an dieselben, von einem Benützen derjenigen Elemente, die noch lebensfähig, war die Rede, und ausdrücklich wurde hervorgehoben, daß den geänderten Zeitverhältnissen Rechnung getragen, daß die Elemente, welche in der heutigen Gesellschaft zur Berechtigung, zum Vollbürgerthum gelangt sind, nicht sollen von der Thüre gewiesen werden."

Bester Graf, werthester Baron, Sie täuschen sich selbst. Wenn Sie so weit gehen wollen, als Sie so eben gesagt, dann haben Sie den früheren Boden, ohne es zu merken, unter Ihren Füßen verloren. Ergehen wir uns nicht in allgemeinen Redensarten, fassen wir einen Punkt fest ins Auge. Nehmen wir unsern früheren böhmischen Landtag. An den wollen Sie anknüpfen, in den wollen Sie die neuen Elemente einführen, den wollen Sie den geänderten Zeitverhältnissen und, nennen wir das Kind beim rechten Namen, den unabweislichen Forderungen der Zeit anpassen? Wie, um alles in der Welt, wollen Sie das anfangen? Wollen Sie die frühere Selbstberechtigung der persönlich in den Landtag eingeführten Glieder des Herren und Ritterstandes in eine der Zahl nach beschränkte und aus der Wahlurne hervorgehende Repräsentation derselben umwandeln? Aber haben Sie damit nicht die frühere politische Institution aufgegeben und eine ganz neue geschaffen? Oder wollen Sie den Gliedern des Herrn- und Ritterstandes, mehr als dreihundert an der Zahl, ihren eigenberechtigten Sitz und Stimme belassen, wie wollen Sie neben diesen und den Prälaten des Königreichs den Bürger- und Bauernstand vertreten lassen? Denn verkürzen dürfen Sie weder den einen noch den andern. Sie können, wie es in der letzten Zeit vor dem Losbruch angeregt worden ist, die Zahl der stimmberechtigten Städte vermehren, aber wie wollen Sie, nota bene auf der Grundlage des vormärzlichen Landtages, den gleichberechtigten Bauernstand einschmuggeln? Wenn Sie es thun, so haben Sie Ihr eigenes Princip verlassen. Sie haben nicht etwa ein neues Element zu dem früheren hinzugestoßen; Sie haben das ganze Wesen der früheren Einrichtung vernichtet und verworfen; denn dieses Wesen beruhte eben auf der Zusammensetzung der vier privilegirten Stände. Wenn Sie es aber nicht thun, so haben Sie, da ja doch von Ständen hier die Rede ist, einen ganzen durch die neue Ordnung der Dinge neugeschaffenen gleichberechtigten Stand vor die Thüre gesetzt. Diese Alternative versetzt Ihrem ganzen System den Todesstreich. Das Widersprechende läßt sich nicht vereinigen, so lange Logik und Consequenz besteht. Die vier privilegierten Stände von früher und die Gleichstellung aller Staatsbürger vor dem Gesetz (allerhöchstes Kabinetsschreiben vom 31. Dezember 1851) von heute sind Begriffe, die einander sich ausschließen. Die politischen Institutionen von ehedem sind gefallen, weil der Boden geschwunden ist, in dem sie wurzelten. Von einem Anknüpfen an etwas, das nicht mehr existirt, kann keine Rede sein.

Aber meine Herren, wenn Sie auch das Kunststück finden sollten, um das Unvereinbare zu vereinen, um das widersprechende in ein Joch zu zwängen, die historisch-politischen Institutionen mit den ihnen entgegengesetzten zu Recht bestehenden Instituten der Gegenwart zu verknüpfen; so kommt es auf das Können allein gar nicht an; die viel wichtigere die allein entscheidende Frage ist, ob Sie dieses Kunststück in's Werk setzen sollen, ob Sie es in's Werk setzen dürfen?

Der Lebende hat Recht, nicht nur im Bösen, sondern auch im guten Sinne. Das Vae victis gilt nicht nur auf dem kriegerischen, sondern auch auf dem politischen Felde. Ist die Zeit oder Ihr Gedächtniß so kurz, daß Sie vergessen haben, was die historisch-politischen Institutionen Böhmens und Ungarns vor zwölf Jahren für ein Ende genommen? Der Prager Postulaten-Landtag ist zusammengefallen wie ein Kartenhaus, ist auseinander gesetzt und weggeblasen worden wie Spreu vor dem ersten Windstoß der neuen Zeit, die unheilschwanger und gefahrbringend mit ihren Fittigen daherrauschte und keine Spur von ihm ist in dem Bewußtsein, in den Gefühlen und Wünschen des Volkes zurückgeblieben. Das letztere kann man nun allerdings nicht sagen von dem ungarischen Reichstag. Die Erinnerung daran ist seit dem Unglückstage von Villafranca lebendiger, drängender, stürmischer geworden als je. Aber gerade das ist es was jedem, der es mit seinem Kaiser, der es mit Oesterreich, der es, lieber Baron, mit Ihrem herrlichen Ungarlande rechtlich meint, stutzen machen muß. Denn, so frage ich nochmals, hat man vergessen, was für einen Ausgang die achthundertjährige ungarische Verfassung genommen hat? Die Losreißung von den übrigen Erblanden, die Entthronung der legitimen Dynastie, die Dictatur eines schon in der vormärzlichen Zeit verrufenen Subjects, die Vergrabung der Krone Ungarns, um sie nach Vernichtung und Verjagung des kaiserlichen Doppeladlers auf das Haupt eines Usurpators zu setzen? Oder ist's nicht so? Nun, frage ich, mit welcher Stirne will man vom Kaiser die Wiederherstellung einer Verfassung verlangen, deren letzter Trumpf die Entthronung seines erlauchten Hauses war? Das werde nicht wiederkommen, meint man. Welche Gewähr bietet man dafür? Was heute im Lande geschieht — und Sie, lieber Baron, wissen besser als ich, welche Rufe man dort Tag für Tag vernimmt! — was heute im Lande geschieht, bietet gewiß keine. Wo ist der österreichische Staatsmann, der die Verantwortlichkeit auf sich laden will, ein großes Land und Volk von neuem in die Revolution hinein zu jagen? Und ich fordere Sie und den Grafen A. und den Grafen B. und den Grafen C., ich fordere jeden einzelnen und alle insgesammt, die im Reichsrathe das „legitime Recht Ungarns" vertraten, hiemit in der bündigsten Form und Weise auf, es soll einer hervortreten und sprechen: Ich gebe meinen Kopf, ich gebe mehr als meinen Kopf, ich gebe die Ehrlichkeit meines Namens, ich gebe die Unbeflecktheit meines angestammten Wappenschildes, ich gebe den Fluch oder den Segen meines

Andenkens vor der Nachwelt zum Pfande, die nächste oder fernere Folge des wiederhergestellten ungarischen Reichstages werde nicht die Revolution sein?

Aber noch ein Faktor ist es, der bei dieser Frage in Rechnung gebracht werden muß. Können Sie, meine Herren aus Ungarn und Böhmen, die Hand auf's Herz, sagen, daß Sie in Ihren Anschauungen und Bestrebungen mit dem Volke gehen? Nimmermehr. Ihr, meine Herren aus Böhmen, geht nicht mit dem Volke, und das Volk geht nicht mit Euch, Ihr Herren aus Ungarn. Hohe aufrichtige Achtung, Ihr letztere, vor Eurem Muthe, vor Eurer Beharrlichkeit, vor Euerem opferwilligen Patriotismus! Ihr habt nicht gesäumt, kaum daß die Revolution niedergekämpft war, Eure Stimme zu erheben für das, worin Ihr Euer und Eures Landes gutes Recht erblicktet! Ihr seid nicht müde geworden jede Gelegenheit zu benützen um die alten Rückerinnerungen wach und warm zu erhalten, um gegen die Neuerungen, die Ihr für unrecht und unzweckmäßig hieltet, Protest einzulegen! Ihr habt kein Geldopfer, keine persönliche Werbung und Thätigkeit gescheut um den Sinn des magyarischen Volksstammes, den Ihr für den alleinberechtigten Ungarns proclamirtet, zu wecken, seine geistigen Interessen zu fördern, seine nationalen-Institute reichlich und glänzend auszustatten! Doch, was habt Ihr zu Wege gebracht? Gassen- und Straßen-Demonstrationen die Hülle und Fülle, in allen Formen und Unarten, dem Himmel sei's geklagt! Doch das gilt mir nichts. Wie bald ist eine heißblütige Jugend wie die Euere, aufgehetzt um einer bettlägerigen Frau, statt ihr Genesung zu wünschen, ein Pereat zu bringen, weil sie „so frei ist frei sein zu wollen" wie Ihr? Wie bald ist sie dahin gebracht, in fieberhaftem Rausche die Hallen eines Domes, dessen hei-

lige Räume allein von den Stimmen der Andacht und Zer-
knirschung wiederhallen sollen, mit dem Gebrüll unheiliger
aufreizender Gesänge zu erfüllen? Und wie bald sind Peti-
tionen mit 10,000 Unterschriften zu Stande gebracht, besonders wenn man es sich so leicht macht wie ihr und nicht
einmal von Haus zu Haus das Almosen der einzelnen Stimmen absammeln geht, sondern den ersten besten gleich für
633 oder 597 oder für 824 (denn runde Zahlen dürfen es
beileibe nicht sein) unterfertigen läßt? All das ist schon
da gewesen und kann nur Kinder oder Narren täuschen. All
das beweist nichts anderes als die augenblickliche Ohnmacht
der Regierung. Aber unser Kaiser strecke seine Arme aus;
er erhebe in der einen Hand den Palmzweig der Charte
Großösterreichs, in der andern das Schwert der strafenden
Gerechtigkeit; er werfe den prallenden Terrorismus zu Boden,
der jetzt alle Gutgesinnten im Lande darnieder beugt; er
gebe den Stimmen des deutschen, des slavischen, des rumä-
nischen, des magharischen Volkes Raum sich geltend zu
machen und Ihr sollt es dann erfahren, das Volk geht
nicht mit Euch, stimmt nicht in Euren Schmerzensschrei
nach einer Wiederauflage des Corpus Juris Verböczyi!

Ganz anders steht es mit Euch, Ihr Herren aus Böh-
men; Ihr, Ihr geht nicht mit dem Volke! Mit tiefem
Schmerz sage ich das; denn die Stimme, die ich vor neun
Jahren erhoben, ist verhallt und ohne Wirkung geblieben —
Die Predigt hat g'fallen
sie blieben wie alle!

Der Böhme war seit Jahrhunderten gewohnt mit Stolz
und Verehrung auf seinen Adel hinzublicken und hinzuweisen.
Was Böhmen an großen Humanitätsanstalten, an gemeinnützigen Lehr- oder Kunstinstituten besitzt — überall standen

bei der Einweihung derselben die Repräsentanten seiner ersten Geschlechter zu Pathen! Jede bedeutende geistige Regung im Lande fand in den hohen Kreisen der Gesellschaft ihre Unterstützung, ihren Wiederhall, wenn sie nicht geradezu in diesen Kreis ihren Ausgangspunkt hatte. Aber wie verhält sich Böhmens Adel jetzt? Wie hat er sich in den letzten zwölf Jahren verhalten? Hat er nicht alles gethan sich die Sympathien des Landes zu verscherzen? Hat er nicht altberühmte Paläste, an deren Mauern sich historische Erinnerungen knüpften, zu Kasernen verkauft oder in Zinshäuser umgewandelt? Hat er nicht Besitzungen, deren Namen im Gedächtnisse von Generationen mit dem Ruhme einheimischer Familien verflochten waren, vergeudet und verschleudert, in die Hände landfremder Capitalisten gegeben? Ein Theil unserer Aristokratie hat die Schmollwinkel, in die er sich seit dem Jahre 1848 zurückgezogen, nur verlassen, um unter die „Käufer und Verkäufer" zu gehen und seine Wappenschilder als Aushängschilder für Unternehmungen im modernsten Style gebrauchen zu lassen; das adelige „noblesse oblige" hat dem kaufmännischen „noblesse s'oblige" weichen müssen. Nur wenige sind es, die dem gemeinnützigen Wirken ihrer Vorfahren wenigstens da nicht ganz untreu werden, wo es sich um praktische Humanitätszwecke, um landwirthschaftliche und Forst-Interessen, um Verschönerungs-Commissionen u. dgl. handelte. Aber die geistigen Interessen und Bestrebungen des Volkes, das was alle Pulsadern seines inneren Lebens durchzittert, was es bewegt und erhebt... wie viele sind es von den Ihrigen, Herr Graf, die sich daran betheiligen? die Herz und Sinn dafür zeigen? in deren Bibliotheken die Erzeugnisse unserer einheimischen Literatur Eingang gefunden, ja, die auch nur eine Kenntniß von den erfreulichen Fortschritten haben, welche dieselbe von Jahr zu Jahr in steigendem Maßstabe nimmt? Seit vorigem Jahre erscheint in Prag der Naucní Slowník, ein Werk, das jetzt bis zum 15. Hefte fortgeschritten ist, und seiner Haltung nach ungefähr die Mitte zwischen Pierer's Universal- und dem Brockhaus'schen Conversations-Lexikon einnimmt, seinem Umfange nach aber das eine wie das andere überholen dürfte. Der letzte Ausweis brachte die Zahl von 5306 Abonnenten in Böhmen, Mähren und der Slovakei. Sie gehören dem Bürger- und Bauernstande an. In meiner Gegend befinden sich auf einige Meilen in der Runde ein Marktflecken und zwei sogenannte Städte mit nicht viel über 1000 Einwohnern, sonst nur Dörfer, und dennoch weist das Verzeichniß mehr als 50 Exemplare auf; das eine der beiden Städtchen hatte schon vor Monaten 15, das andere 12 Abonnenten. Nun will ich in meinen Forderungen sehr bescheiden sein und wünsche nur zwölf Namen unseres bestifteten Hochadels zu wissen, die sich unter dieser Zahl von 5306 Abonnenten befinden, d. h. bis zum 4. October 1860, wo ich dieses schreibe, befanden. Jüngst kam ich mit einem Mitgliede des böhmischen Theater-Comite's zusammen, der dem Unternehmen Gönner und Freunde warb. Ich fragte ihn, welche Theilnahme die Aristokratie gezeigt habe. „Oh, reden wir davon nicht", erwiderte er, wir haben Niemanden übergangen; wir haben Demüthigungen nicht gescheut, um unser Anliegen an den Mann zu bringen; wir haben Bittschreiben nach allen Seiten ausgesandt; und was hat es uns eingetragen? Von den meisten haben wir nicht einmal eine Antwort bekommen! Andere beobachteten zum mindesten so viel Anstand, daß sie uns über ihre Annahme oder Weigerung nicht in Zweifel ließen. Vollends aber die Damen, diese bekundeten einen förmlichen Haß gegen unsere Sache. Eine schöne Ausnahme machte nur die Persönlichkeit eines vom ganzen Lande verehrten Greises, der, obgleich die deutsche Abkunft seines Geschlechtes nicht verleugnend, dennoch mit Freuden seine Gabe zu einem Unternehmen spenden zu wollen sich erklärte, das von der Mehrzahl der Bewohner des Landes als ein volksthümliches angesehen werde?" — — —

Habe ich etwas Unwahres gesagt, mein bester Graf? Es soll mich vom Herzen freuen, wenn Sie mich eines Besseren belehren können. Einstweilen werden Sie mir zugeben, daß Sie bei so bewandten Umständen keinen Grund haben sich über meine Behauptung zu wundern, daß Böhmens Adel durch seine Haltung in der letzten Zeit all die Sympathieen im Lande verloren hat, deren er sich früher aus guten Gründen zu erfreuen hatte, und daß er darum kein Recht hat die Wiedererweckung von Institutionen zu verlangen, bei welcher er den besten Theil davon tragen würde!

So viel, meine Herren, über das eine Element ihres Fundamentalsatzes, das „historisch-politische"; nun von dem zweiten, der Individualität.

Was meinen Sie mit dem Ausdrucke der Individualität?

Meinen Sie damit bloß, daß ein Oesterreich nur bestehe und bestehen könne, indem es die historische Eigenthümlichkeit und Besonderheit der verschiedenen Bestandtheile, durch welche es im Laufe der Geschichte groß geworden ist, anerkennt und aufrecht hält. Die Königreiche Ungarn und Böhmen, die Erzherzogthümer Niederösterreich und Oberösterreich, die Herzogthümer Steiermark und Kärnten, das Großfürstenthum Siebenbürgen, die Markgrafschaft Mähren, die gefürstete Grafschaft Tirol u. s. w.? Meinen Sie damit bloß, daß kein österreichischer Staatsmann es wagen dürfe

Hand anzulegen an diesen durch eine vielhundertjährige Geschichte gereisten und gesicherten Bestand, es nicht wagen dürfe Oesterreich dadurch zu einem einheitlichen Großstaate machen zu wollen, daß er die zu Recht bestehenden Landesgrenzen verwischt und über das Gebiet zwischen der Weichsel und dem adriatischen Meere, zwischen dem Oitos-Passe und dem Fichtelgebirge ein Departemental-Netz ausspannt: Departement des Kahlenberges und Departement des Oetscher, Departement der Sazawa und Departement der Luschnitz, Departement der Matra und Departement der Fatra, Departement des Karstes und Departement des Quarnero, Departement des Isonzo und Departement des Tagliamento, Departement des Thaya-March und Departement der Theiß-Bega u. s. w.?

Wenn Sie bloß das gemeint haben, dann haben Sie nichts besonderes gemeint; denn darüber sind alle einig und der Chorführer der Minoristen hat die Besonderheit und Reichsunmittelbarkeit seines Herzogthums Ober- und Nieder-Schlesien ebenso warm befürwortet als der italienische Conte jene des Königreiches Dalmatien.

Wenn Sie aber mit jenem Ausdruck, wohl bedacht und überlegt, etwas anderes und mehreres gemeint haben, dann haben Sie allerdings etwas besonderes, aber zugleich etwas besonders gefährliches gemeint oder, so will ich annehmen, bezeichnet, ohne es gemeint zu haben.

Meine Herren, es sind dreißig und mehr Jahre her, daß ich meine philosophischen „Explikationen" bei Seite gelegt habe; Sie dürfen von mir keine schulgerechten Definitionen erwarten; aber ich glaube, Logik ist mir genug geblieben um einen gegebenen Begriff zergliedern, seinen Umfang umschreiben zu können. Was ist Individualität, was ist Individuum? Individuum ist **Selbstzweck**, ist **Selbstbestimmung** nach innen, ist **Selbstvertretung** nach außen. Wir kennen in unsern Ländern nicht nur keine Sklaverei und Leibeigenschaft, wir kennen seit einem Jahrdutzend nicht einmal ein Unterthänigkeitsverhältniß. Das Individuum ist frei, unabhängig von jedem andern; das Individuum kann sich, nach unseren Gesetzen, zu Diensten hergeben, es kann aber jeden Augenblick den Dienst aufgeben, den Dienst wechseln. Es versteht sich, daß ich nur von großjährigen und vollsinnigen Individuen spreche und auch Sie, meine Herren, werden unter ihren historisch-politischen „Individualitäten" gewiß weder unmündige noch curatelsbedürftige gemeint haben. Werden Sie aber die Consequenzen zugeben, die sich aus Ihrem Begriffe mit unerbittlicher Folgestrenge ergeben? Individuen können zu einander stehen, wenn sie es unter Umständen in ihrem Interesse finden; Individuen können aber auch von einander gehen, wenn sie nicht mehr beisammen bleiben, wenn sie allein stehen oder sich andere Verbindungen suchen wollen. Ich habe von Niemand weniger als von Ihnen, meine Herren, zu fürchten, daß Sie mich mit der Bemerkung heimschicken, es könnten ja auch Individuen mit einander derart verbunden sein, daß sie nicht nach Belieben auseinander gehen dürfen, daß sie zu einander stehen müssen. Denn ein solcher Verband kann unter freien Individuen, und andere kennen unsere Gesetze nicht, nur durch den **Vertrag** hergestellt werden, und eine auf **dieser** Grundlage gebaute Theorie werden Sie kaum geneigt sein in Ihr Staatsrecht einzuführen.

Politisches Individuum ist nur der **eine einheitliche Staat**, alle seine Bestandtheile sind nur politische **Glieder** desselben. Der Staat enthält **physische** und **moralische**

Individualitäten, er besteht aus diesen; aber er kann nicht politische Individuen enthalten, wenn er nicht aufhören soll einheitlicher Staat zu sein. Sie haben gesagt, Oesterreich sei kein departementales Frankreich; das widerspricht Ihnen Niemand; das geben wir alle, die wir ein lebendiges Gefühl für unser engeres Heimatland haben, mit Freuden zu. Ich aber sage, Oesterreich ist ebenso wenig, von der monarchischen Form ganz abgesehen, ein territoriales Nordamerika oder eine kantonale Schweiz; Oesterreich ist ein Einheitsstaat und ist es seit 1849 mehr als je. Kein patriotisch gesinnter hellblickender österreichischer Staatsmann, kein treuer Diener seines Kaisers wird sich diese große, so blutig erkaufte Errungenschaft durch die schönsten Phrasen und beredtesten Declamationen der Welt entwinden lassen.

Es wird aber auch andererseits kein hellblickender österreichischer Staatsmann, kein treuer Diener seines kaiserlichen Herren darum in das entgegengesetzte Extrem verfallen und Einheit des Ganzen mit Einerleiheit der verschiedenen Bestandtheile verwechseln. Plato sagt: Gerechte Sachen sind gerecht nicht nur in Lycien und Karthago, sondern auch in Athen und Sparta, überall. Er sagt aber nicht: Gute Sachen sind gut, nicht nur in Lycien und Karthago, sondern auch in Athen und Sparta, überall. Denn es kann eine Einrichtung, ein Gebrauch, eine Maßregel sehr gut d. h. sehr zweckmäßig und wohlthätig sein: in Lycien, nur sehr wenig gut d. h. sehr zweckwidrig und schädlich in Athen. Das heißt auf unsere große österreichische Frage angewendet: Das Gesetz — und ich meine nicht bloß das bürgerliche und strafliche Gesetz, sondern auch das Heergesetz, das Unterrichtsgesetz, das Gemeindegesetz, das Handelsgesetz, das Vereinsgesetz, das Preßgesetz, das Privilegiengesetz u. s. w. —, also das

Gesetz muß eines sein, in Wien wie in Prag, in Buda-Pest wie in Venedig, in Neu-Sandez wie in Alt-Bunzlau, in Groß-Kikinda wie in Klein-Schwechat, in Mehadia wie in Ragusa; aber die Art und Weise der Anwendung und Ausführung des Gesetzes kann nicht nur verschieden sein, sondern soll sich richten nach den verschieden gestalteten Verhältnissen in dem Bergland Tirol und in dem Pußtaland der Theiß, unter den seebefahrenden Dalmaten und unter den rossetumelnden Csikos, in dem hundertthürmigen Prag und in dem frieblich-idyllischen Heiligenblut.

Unser Kaiser, meine Herren, wenn er auch viele Kronen und Fürstenhüte auf seinem purpurnen Kissen zählt, ist ein Kaiser, und die einundzwanzig Kronländer, über welchen er sein Scepter führt, sind Bestandtheile eines Reiches, sind nicht selbstständige „Individualitäten", sondern sind Glieder, eng und unauflöslich mit einander zu einem Ganzen verbunden, welches ist und heißen soll: Groß-Oesterreich.

— onewitz den 5. October 1860.

Die heutige Sitzung war für mich in vieler Beziehung höchst interessant. Verstehen Sie mich recht, die Sitzung, deren Verhandlungen gestern in der Wiener Zeitung standen, die ich heute erhalten und gelesen habe.

Es ist doch ein ganz wunderbares Ding um die Freiheit des Wortes und der Rede. „Das Hinschießen ließe ich mir schon gefallen", sagte jener Rekrut, „wenn nur das Herschießen nicht wäre!" Es ist ein verdammt schweres Ding, eine Sache aufzuputzen, hinter eine lockende Etiquette stecken, mit einem schönfarbigen Mäntelchen behängen in einer großen Versammlung, in welcher es Leute gibt, die so ganz abscheulich boshaft sind, das Mäntelchen wegzuziehen, die Etiquette herabzureißen, den Aufputz zu beseitigen und diese Sache unverhüllt in ihrer wahren Gestalt zu zeigen.

Dieser unglückselige Herr mit seiner Apotheose der früheren ungarischen Justiz! Und wenn er und seine Collegen, nachdem ihnen schon einmal in so schlagender Weise geantwortet worden war, es nur dabei hätten bewenden lassen!

Aber immer wieder kamen sie auf die fatale Sache zurück, die sie zu vertuschen suchten, da sie sie nicht in Abrede stellen konnten. Das Gesetz habe wohl bestanden, aber es sei nicht ausgeführt worden; man habe gerade in den letzten Jahren eine zeitgemäßere Justizpflege angestrebt" u. s. w. Auf das erstere ist ihnen geantwortet worden und diesmal schärfer und schlagender als das erstemal. Das Gesetz ist angewendet worden, ist bis in die letzte Zeit angewendet worden. Joseph Pürge in Gyula ist im Jahre 1844 zu 1200 Stockstreichen, zahlbar in vierteljährigen Ratenzahlungen à 25 verurtheilt worden; Joseph Szép aus Nagy-Lengyel im December 1847 zu 240 Stockstreichen in halbjährigen Raten à 30; ein sicherer Kollár noch im März 1848 zu 700 Stockstreichen in halbjährigen Raten à 25 u. s. w. Was die Civiljustiz betrifft, so wurden von den kaiserlichen Gerichten an 6000 unerledigte Rechtssachen unternommen, größtentheils Rückstände aus früherer Zeit, manche 20, 30, 40, einzelne über 100 Jahre alt; bei der früheren Proceßführung wurden oft 5—10 Jahre mit nichts anderm als mit Vorladungen der Parteien verbraucht; die Verworrenheit und Vielfältigkeit der Gesetze und Gewohnheiten war das Eldorado der Advocaten, deren es in der Stadt Pest allein doppelt so viel gab als in den Ländern Böhmen, Mähren, Steiermark, Galizien und Dalmatien zusammengenommen u. s. w.

Aber auf den zweiten Punkt, der wohl erst gegen das Ende der Verhandlungen zur Sprache kam, ist den Herren aus Ungarn im Saale des Reichsrathes nicht geantwortet worden und darum will ich ihnen hier antworten. „Weiß man es denn nicht," rufen sie aus, „daß das Lückenhafte unserer Gesetzgebung, daß das Schleppende unserer Praxis von Niemandem lebhafter gefühlt worden ist als von uns?

Und waren wir nicht gerade in der letzten Zeit vor dem Losbruche der Revolution darauf bedacht, dessen Einrichtungen zu treffen?" Wer stellt das in Abrede, meine Herren? Wer wollte nicht mit Freuden zugestehen, daß euer großer Patriot Stephan Szechen, daß euer edler Deak, daß so viele andere treffliche, einsichtsvolle, muthige Männer von den preiswürdigsten Gesinnungen erfüllt waren, die besten Absichten hatten, die höchsten Zwecke anstrebten? Aber eine andere Frage ist, ob sie diese ihre wohlmeinenden Vorschläge bei den damaligen Einrichtungen, bei dem Bestande der alten Verfassung durchgesetzt haben würden? — Erlaubt, ihr Herren, daß ich euch eine unbedeutende Begebenheit erzähle, die nur durch die Nutzanwendung, welche sich daran knüpft, zu einer bedeutenden wird.

Im Herbste 1845 oder 1846 riefen mich Privatgeschäfte nach Ungarn. Ihr müßt wissen, meine Herren, daß in meinen Adern auch ungarisches, wenn gleich nicht magharisches, Blut rollt, daß ich in Ungarn oft, wenn auch niemals lange geweilt habe und daß ich Land und Leute von Kindesbeinen an von Herzen liebe. Damals war es aber keine angenehme, sondern eine ganz peinliche Sippschaftsangelegenheit, die mich wochenlang in Pest aufhielt und mich endlich, als schon ein frühzeitiger Winter eingebrochen war, die Reise nach Kaschau anzutreten zwang. Ich nahm die Post und fuhr drei Tage lang. Aber wie fuhr ich? Eine halbe Tagreise ging es leidlich von statten; dann kamen ein paar Meilen grundschlechten erbärmlichen Weges; dann fuhr ich einige Poststationen auf vortrefflicher Straße; dann hatte ich wieder minder gute Fahrt und kam endlich ganz durchrüttelt und zerschlagen in der Hauptstadt Nordungarns an.

Abends im Gasthause machte ich mit einem etwas älteren

aber ungemein aufgeweckten Manne, emunctae naris, Bekanntschaft und klagte ihm meine Noth: "Sagen Sie mir, lieber Herr! Ich bin auf der Poststraße, auf dem direkten Wege zwischen Pest und Kaschau gereist und habe doch so verschiedene Straßen befahren als ob ich jetzt durch ein cultivirtes Land, dann wieder über eine uncultivirte Nomadensteppe gezogen wäre? Ist wohl das Erdreich oder sind die Terrainschwierigkeiten so verschiedener Art, daß so auffallende Gegensätze hart bei einander liegen können?"

„"Das ist's nicht, mein Freund,"" sagte jener, „"der Boden zwischen Pest und Kaschau ist so ziemlich gleich, aber die Comitate sind verschieden.""

Darauf ich: "Aber das kann doch nicht Comitats-, das muß wohl Landessache sein, den Verkehr zwischen zwei bedeutenden Städten des Landes herzustellen?"

„"Allerdings, es ist von Landes wegen befohlen worden die Hauptstraße von Pest nach Kaschau anzulegen und in gutem Stand zu erhalten. Aber das eine Comitat führte den Befehl gewissenhaft aus und da hatten Sie treffliche Straße; das andere Comitat that etwas ut aliquid fecisse videatur, da hatten Sie leidliche Straße; das dritte Comitat that gar nichts, da hatten Sie erbärmlichen Weg.""

"Ei, da muß sich wohl die Geschichte, die ich mir jüngst habe erzählen lassen, in dem dritten Comitat ereignet haben. Es handelte sich irgendwo, so lautet mein Bericht, um die anbefohlene Anlegung einer neuen Straße; viele sprachen dafür, andere sprachen dagegen; endlich gab das Votum eines silberhaarigen Greises den Ausschlag, der da rief: "Wie?! in dem Kothe, durch den Eure Väter und Großväter gegangen sind, wollt Ihr nicht mehr gehen?!"

„"Das ist wohl eine Anekdote; aber ich kann nicht sagen,

daß sie schlecht erfunden sei. Und das sind noch nicht die ärgsten, die so patriarchalisch-naive Gründe vorbringen. Auch das Geschlecht der Justamentnöt erfreut sich großen Ansehens in unserm Lande.""

„Also widersetzt Ihr Euch ausdrücklichen Befehlen Eures Königs und der königlichen Behörde?"

„„Beileibe nicht, mein Freund! Wo denken Sie hin? Wir sind loyal, sehr loyal; denken Sie nur an das moreamur 2c. Wir sind treue Unterthanen unsers Königs, wir achten unsern Palatin, wir respectiren die königliche Tafel, unsere Hofkanzlei; aber — wir lieben auch unsern eigenen Willen und wollen ihn haben!""

„Das heißt, wenn ich Sie recht verstehe, mein Herr, ihr seid loyal, so lange euer König thut, was ihr wollt; wie ein boshafter Mensch von dem Löwen behauptet hat, er sei großmüthig, wenn er sattgefressen. Aber sagen Sie mir, wie stellen es Ihre Landsleute an um ihre Loyalität mit ihrem Eigenwillen in Einklang zu bringen?"

„„Auf die einfachste Weise der Welt! Das geschieht so: Kommt ein königlicher Erlaß herab, so wird er von allen Seiten geprüft, ob er uns zu Gesichte stehe oder nicht. Ist er uns unbequem, so wird er untersucht, ob er mit den Gesetzen und hergebrachten Gewohnheiten des Landes übereinstimme. Letzteres ist natürlich niemals der Fall; denn es bedürfte ja nicht eines königlichen Erlasses, wenn es beim Alten bleiben sollte. Da wird denn das Papier genommen und einfach hinterlegt und aufgehoben. „Cum honore reponimus" nennen wir das, d. h. wir ehren das Gesetz, aber wir befolgen es nicht. „Alles in Liebe und Freundschaft, Herr Erbförster!", heißt es im Freischütz.""

„Das ist wohl sehr schön und friedlich. Aber wie ist

es bei solchem Verfahren möglich, allgemeine Verbesserungen durchzuführen, deren Ihr schönes Land doch wahrhaftig gar mancher bedarf?"

„"Wie das möglich ist? Ja, mein Freund, das ist eben nicht möglich. Unter einer Verfassung, wo jede Gemeinde, jeder Bezirk, jeder Kreis, jede Körperschaft, jede Glaubensgenossenschaft sich auf ihre Autonomie beruft und mit diesem Ausdrucke die abenteuerlichsten Begriffe verbindet, in einem Lande, wo jeder bocskoros nemesse'g, um sich nur ja nichts von seinem Adelsvorrechte zu vergeben, es gerade darum ganz anders oder gar nicht thut, weil es der Obere um seines eigenen Besten willen so zu haben wünscht, da ist mit allgemeinen Aenderungen und Verbesserungen nicht durchzubringen."" — — —

So weit mein gesprächiger Ungar von 1846. Ich möchte ihn heute wieder reden hören, wenn er sich anders consequent geblieben ist! Denn jetzt geht ja der alte Tanz von Neuem los. Oder ist es etwas anders? Vernehmen Sie, mein Freund, ein Geschichtchen aus der jüngsten Zeit, das ich mir von einem meiner geheimen Agenten habe berichten lassen. Als vor ein paar Jahren der erste Entwurf des auf die Principien der Freiheit und Selbstverwaltung gebauten „Protestantengesetzes" sämmtlichen evangelischen Gemeinden Ungarns „zur unbedingt freien Meinungsäußerung" hinausgegeben wurde, kam derselbe unter andern in der königlichen Stadt — zur Verlesung: „Nun, Gott sei gedankt, meine Herren," stand eines der Conventglieder auf, „daß wir endlich aus der Haynauischen Administratoren-Wirthschaft heraus sind! Ich hätte zwar einzelnes im Gesetze mir anders gewünscht, aber" —

„"Es ist ja nicht Gesetz,"" fiel ihm ein Anderer in's

Wort, „„"es ist ja nur Entwurf; wir haben uns darüber zu äußern!"" „Wie, was? — — Also protestiren!" Daß diese unglückselige Justamentnöt=Politik, dieses „Protestiren" um jeden Preis seitdem das unglückliche Losungswort des Tages geworden, ist traurige Thatsache, und nur beiläufig will ich bemerken, daß jene Aufforderung „zur unbedingt freien Meinungsäußerung" den ersten Anstoß zu den Wirren gab, in deren Mitte wir uns jetzt befinden. In einem Lande, in welchem eben erst — denn was sind fünf oder sechs Jahre nach solch einer Katastrophe! — eine allgemeine Empörung gebändigt worden ist, soll man nicht vorzeitig die Schleußen öffnen, durch welche sich alle Fluthen des gewaltsam eingedämmten Unwillens und Mißtrauens, der darniedergehaltenen Agitation und Opposition über das kaum zur Ruhe gebrachte Land ergießen müßten. Es war ein edler, ein hochherziger Act der Regierung, aber ein höchst unbedachter, unkluger. — — —

Doch ich kehre von meiner Abschweifung zurück. Denn ich kann mich doch in dem lieben Kaschau nicht versitzen, ich muß ja zurück nach Pest und ich will den damaligen Weg im Geiste zurücklegen mit dem heutigen Blatte der Wiener Zeitung, mit der Schlußsitzung des Reichsrathes von 1860 in der Hand. Oh, jetzt kenne ich mich schon besser aus, seit mich mein freundlicher Tischgenosse in der Gasthausstube von Kaschau belehrt hat! Ich habe ein paar Stunden prächtig im Wagen lesen können; die Postkutsche rollte wie auf einem Tische gleichmäßig dahin; ich bin durch das „bureaukratische" Comitat A. gefahren, welches sich alle königlichen Befehle, die es mit ihm gut meinen, gefallen läßt. Aber jetzt muß ich die Zeitung bei Seite legen; denn auf diesem fürchterlichen Wege ist es nicht möglich auch nur eine Zeile zu lesen! Uf! War das ein Stoß! Das Zeitungsblatt war schon halb aus dem Wagen heraus, als ich es noch glücklich erhaschte! Oh, meine armen Glieder! Die Seele beutelt es mir noch aus dem Leibe heraus! Ja, ich merke, jetzt befinde ich mich in dem autonomen Justamentnöt-Comitate B., wo es das Wort gilt: Malo periculosam libertatem quam tutam — civilisationem! — — —

Das war wohl ein üppig wuchernder Urwald von Autonomie vor dem Jahre 1848! Aber doch, hat man es vergessen, daß schon Jahrzehende zuvor von Pest aus die Axt an die Stämme dieses Urwaldes gelegt wurde, daß man schon alle Hebel in Bewegung setzte um die vermorschten Trümmer aus dem Wege zu räumen und der thrannischesten Centralisation den Weg zu bereiten, die endlich im Jahre des Unheils auf den Trümmern des eingestürzten alterschwachen Gebäudes ihr siegreiches Banner aufpflanzte? Oder was war er anders als ein Vorbote der Dictatur Ludwig Kossuth I., jener Panmagharismus, der auf alle Kaufläden und Gewölbe sein dictatorisches „Hony" schrieb, der in stockslavische Gemeinden seine magharischen Pfarrer und Prediger sandte, der die Kinder urromanischer Dörfer von magharischen Lehrern unterrichten ließ?

Und werden sie nicht wieder kommen, diese Zeiten? Wenn erst die „vollkommen unnützen Centralmaschinen" weggeräumt sein werden, welche jetzt noch ihre schützende Hand über alle Nationen des weiten Kaiserreiches halten, dann wird der Panmagharismus wie ehedem sein Haupt erheben und mit eiserner Faust alle Völker knebeln, die nicht finnischer Abkunft sind. Das Ministerium des Innern muß fallen; wozu brauchen wir ein Ministerium des Innern? Die beiden Ministerien der Popularität müssen fallen!

Das Ministerium der Justiz, das eine gleichmäßige Gesetzgebung für die Wailand Magnaten wie für die ehemalige misera contribuens plebs im Lande eingeführt hat, das nichts weiß von 500, 600, 1200 Stockstreichen in halb- oder vierteljährigen Abschlagszahlungen, das eine schnelle, unpartheiische einfache Rechtspflege geschaffen, das den Realcredit durch Einführung der Grundbücher zu heben begonnen hat, und das Ministerium des Unterrichtes, das in dem kurzen Zeitraum von zehn Jahren viele Hunderte von Volksschulen errichtet, erweitert oder verbessert, das in die verwahrlosten Pußten die ersten Pionniere der Bildung geschickt hat, unter dessen Auspicien, Gewerbeschulen, Handelsschulen, Realschulen in allen Theilen des Landes entstanden sind. — —

Jetzt führen wohl die Herren süße Worte im Munde, werfen freundliche Blicke nach allen Seiten, haben Händedrücke in Bereitschaft für den Bruder Serben und den Bruder Romanen, für den Slovaken und vor allem für den Deutschen. Graf B. spricht mit einer Wärme, mit einer Begeisterung von dem „wahren alten kräftigen germanischen Geist" als ob er Schulz oder Müller hieße; er erklärt feierlich, von jeher ein abgesagter Feind jedes Sprachzwangs gewesen zu sein. Aber schon sein Collega M. schwatzt etwas unvorsichtig aus der Schule; denn er ist so unklug nur der Serben und Romanen zu erwähnen; „denn diese haben verbriefte Rechte, diesen müßte jedenfalls Rechnung getragen werden." Und die Deutschen, die Slovaken, die Rutenen, die zufälligerweise keine „verbrieften" Rechte zur Wahrung ihrer Nationalität aufzuweisen haben, was wird mit diesen geschehen?

Aber während dieß im Reichsrathssaale gesprochen wird, erklärt der Gemeinderath einer ungarischen Großstadt, dessen

Glieder zu einem guten Theil nicht einmal des magyarischen mächtig sind, keine andern Eingaben als magyarisch abgefaßte annehmen zu wollen, und verlegen sich die magyarischen Tagesblätter, indem sie ihren Lesern die Namen jener Advocaten bloßstellen, die es gewagt haben deutsche Eingaben bei Gericht einzubringen, auf das **Denunciren**! Das geschieht **jetzt**, was wird später geschehen?!

Sie mögen sich freuen, die anders sprechenden Ungarn, auf die Wiederkehr jener glücklichen Zeit der **Autonomie** — des magyarischen Nationalmuseums, der magyarischen Akademie, des Pester magyarischen Nationaltheaters!

Aber ihr mögt euch wohl vorsehen, ihr Herren Panmagyaren, daß ihr nicht ein gefährliches Spiel beginnt! Was euch unter den früheren Verhältnissen nicht gelungen ist, das wird euch noch weniger heute gelingen, wo der Slave und Romane durch zwölf friedliche Jahre den Schutz einer unparteiischen und gerechten .... „**Bureaukratie**" genossen hat!

—onewitz, Sonntag den 7.

Werthester!

Also haben Sie meinen ersten Brief vom 3. richtig und pünktlich erhalten; ich den Ihrigen vom 5., wie Sie sehen, auch. Sie sind in Ihrem Urtheil zurückhaltend. Ich weiß nicht, da wir uns so lange über Fragen der Politik gegeneinander nicht ausgesprochen, schreibe ich an einen Genossen oder einen Gegner meiner Anschauungen. Meine Anschauungen konnten Sie freilich aus dem ersten Briefe noch nicht entnehmen, werden Sie kaum aus diesem noch entziffern, da ich mehr fremde Ansichten von mir abweise, als die meinige aufstelle oder gar durchführe. Nicht nur in meinen bisherigen Briefen an Sie; mit mir selbst bin ich noch nicht völlig im Reinen. Das heißt: das Hauptziel steht wohl klar und fest in mir; nicht etwa bloß das Hauptziel, daß es anders werden muß, sondern auch das Hauptziel was werden muß: allmälige Heranbildung der Selbstverwaltung von unten auf — Landesvertretung — vor allem aber ein bindendes, die Reichseinheit festhaltendes und garantirendes Organ im Mittelpunkte. Aber in das Detail hatte ich meine Ideen noch nicht ausgearbeitet. Zum Theil widerstrebt das auch meinem Gefühle. Ich würde mir selbst lächerlich vorkommen, wenn ich mich daran machte, einen derartigen Entwurf auszuarbeiten, der nie einen Anstrich selbstgefälliger Anmassung vermeiden kann, als habe man an seinem Schreibtische die „allein richtige" Lösung des Räthsels gefunden, an der sich in diesem Augenblicke so viele nächst=berufene abmühen. Und dann, soll ich es Ihnen gestehen, es steckt noch der alte Sauerteig in mir. Ich war von jeher ein Feind der papierenen Verfassungen, ein Todfeind von dem „in Geschichte machen." Die Geschichte muß sich selbst machen, oder vielmehr sie macht sich selbst, wie wir es auch anstellen mögen, wir Pygmäen — Eintagsfliegen. Der rechte und ächte, der geborne Staatsmann wird immer — — doch da gerathe ich in ein Thema, in das ich mich jetzt nicht einlassen will. Denn heute muß ich Sie abkanzeln!

Ja, ja, Freundchen, Sie, niemand andern als Sie! Also wären Sie wirklich unter die Majoritätler gegangen? Freilich sind Sie ein so sarkastischer Kauz, daß man, selbst wenn man Ihnen Aug in Aug blickt, oft nicht recht weiß wessen man sich zu versehen hat. Geschweige denn, wenn man Sie bloß liest — vorausgesetzt, daß man die Gnade von Gott hat, Ihre Hieroglyphen entziffern zu können. Wissen Sie was einmal dem verstorbenen Hammer geschehen ist? In den ersten Frühlingstagen des Jahres dazumal erließ er ein eigenhändiges Handbillet an den Besorger seines Landhauses in Döbling, das er so bald als möglich beziehen wollte. Das alte Hausmeubel erhält den Brief, eröffnet ihn, liest d. h. will lesen, aber es geht nicht. Er begibt sich zum Greißler, bittet ihn um nachbarliche Hilfe; der setzt seine Brille auf, putzt sie, denn er glaubt anfangs sie sei Schuld, setzt sie wieder auf, es geht auch bei ihm nicht. Es kommt die Frau Greißlerin dazu, welche die Buchführung über sich hat, folglich so etwas von einer Schriftgelehrtin, es kommt die Gevatterin Müller dazu, es geht durchaus nicht. Andern Tages in aller Früh — Hammer stand bekanntlich sehr zeitlich auf — erscheint sein Döblinger Hausvogt vor ihm, den bewußten Zebbel in der Hand. „Nun, Martin, alles besorgt?" „„I bit 'r Gna'n müß'n sie g'irrt habn, der Zebbel is türkisch g'schrib'n."" — —

Pardon, mon cher! Ich vergesse mich. Also wieder auf Ihren Brief zu kommen! Sie werfen da mit gewissen Redensarten und Ausdrücken herum, die im Lager der Autonomen als klingende Münze gelten, aber eine ganz verwischte Prägung haben. Das ist zum Beispiel der große Trumpf mit der „Bureaukratie." Wie meinen Sie das? Was verstehen Sie darunter, oder vielmehr was versteht man darunter? denn von Ihnen, wie gesagt, weiß ich ja nicht, ob, was Sie schreiben, Persifflage oder ob es Ihnen damit bitterer Ernst sei. Also nochmal: Was versteht man unter jenem Ding, über das sich heutzutage alle Welt ausläßt? Mit allgemeinen Redensarten, mit Stich- und Lieblingsworten kommt man mit mir nicht auf. Ich hasse alle Gummi-elasticum-Phraseologie, die man dehnen kann in alle Längen und quetschen in alle Formen. Ich will klar sehen. Man muß mir das Ding fest und sicher hinstellen, daß ich es von allen Seiten beschauen kann und sagen — so ist's.

Also zum dritten und letztenmale: was ist's mit dieser „Bureaukratie"? was versteht man darunter? was meint man damit?

Ich habe hier keinen, der mir antwortet, ich muß mir selbst antworten.

Was ist Bureaukratie?

Sind es die Personen, die Beamten, das Beamtenthum?

Aber Beamte hat jeder Herrschaftsbesitzer, jedes Kloster und jede bischöfliche Curie, jedes industrielle Etablissement, jede Versicherungsgesellschaft, jede Actien-Unternehmung — sind das auch Bureaukraten?

Oder ist es das papierene Geschäft? Die Bücher, die Tabellen, die Revisionen und Adjustirungen?

Aber hat das nicht jeder noch so kleine Geschäftsmann? Was sagt man von einem sorglosen Hausvater, von einem liederlichen Gewerbsmann? „Er hat seine Bücher nicht in Ordnung; er führt keine regelmäßigen Vormerkungen, er sieht nicht in alles hinein; er läßt seine Leute machen, was sie wollen." Da haben Sie ja in den kleinsten Kreisen das papierene Geschäft: Bücher, Tabellen, Revision und Adjustirung. Ist das auch Bureaukratie?

Nun, sage ich, wenn jeder Herrschaftsbesitzer, jedes Kloster, Capitel und Consistorium, jede größere Industrie-Unternehmung ihre Beamten hat und haben muß, wenn jeder kleinste ordentliche Geschäftsmann seine Bücher und Vormerkungen führen, Aufsicht und Controlle üben muß, soll sich der Staat, die größte Unternehmung, der ausgedehnteste Geschäftsbetrieb unter dem Monde, ohne Beamten behelfen? soll, muß er nicht auch Bücher und Vormerkungen führen, Aufsicht und Controlle pflegen? und sollen nur seine Beamten als „Bureaukraten" bezeichnet, soll nur sein papierenes Geschäft als „Bureaukratie" gebrandmarkt werden?

Das meinte man gewiß nicht und kann es nicht meinen. Kein Staat, kein Gemeinwesen der civilisirten Welt kann sich heutzutage ohne ein Beamtenheer, ohne riesiges papierenes Geschäft behelfen? Ist es in Alt=England, ist es in Nordamerika anders? Jeder Mensch von Einsicht und Billigkeit wird zugeben, daß wir die in vieler Hinsicht beneidenswerthen Zustände von Alt=England nicht mit den unsrigen vergleichen können und daß wir keine Ursache haben die in vieler Hinsicht beklagenswerthen Zustände von Nordamerika uns zu wünschen. Aber, dennoch, wenn ich mir den in allen Geschäftssachen pedantischen, genauen, ordnungsliebenden Charakter der anglo=sächsischen Race vor Augen halte und wenn ich mir die Leistungen Englands und Nordamerikas auf dem Gebiete der Statistik, d. h. der tabellen= und controllwüthigsten von allen Disciplinen vergegenwärtige, so kann ich nicht anders als voraussetzen, daß auch dort das papierene Geschäft ein riesiges, das Heer der „Schreiberknechte", wie man die Beamten zu betiteln beliebt hat, kein geringes sein könne.

Also das allein, daß auch der Staat wie jeder beschäftigte Private seine Beamten hat und sein papierenes Geschäft in Ordnung hält, ist es nicht, was man mit dem Schimpf und Hohn auf die „Bureaukratie" meint; was ist es denn?

Mein Verstand und meine Erfahrung reicht nicht aus, es in etwas anderen zu finden, als in folgenden drei Stücken:

1) daß der Staat mit seinen Organen in Sphären hineingegriffen oder hineinzugreifen fortgefahren hat; — denn sein ursprüngliches Eingreifen mag wohl gerechtfertigt gewesen sein; darauf will ich mich hier nicht weiter einlassen, — denen er fremd bleiben, die er andern sachgemäß dazu berufenen Organen überlassen sollte;

2) daß der Staat durch seine Organe Dinge selbst ab=

zuthun sich gewöhnt hat, die er vielleicht besser durch andere Organe abthun lassen könnte;

3) daß der Staat selbst in jenen Geschäftskreisen, die er unausweichlich selbst verwalten muß, es mit seinen Berichten, Tabellen, Controllsmaßregeln zu weit getrieben hat.

Ehe ich auf diese Punkte näher eingehe, möchte ich mir eine Bemerkung erlauben. So viel mir bekannt, gehörte weder die große Kaiserin Maria Theresia noch ihr Sohn Kaiser Joseph II. der Bureaukratie an. Diese aber waren es, welche nach und nach dem österreichischen Beamtenstande alle die Geschäfte und Pflichten auferlegt haben, welche er noch heute zu tragen und für die er so viel über sich ergehen zu lassen hat. Dieß nur zur Aufhellung der Begriffe, daß es nicht sowohl die „Bureaukratie", die nur thut, was ihr befohlen wird, als vielmehr das Regierungssystem zu sein scheint, an das man sich wenden sollte, wenn man seinem gerechten oder ungerechten Unmuthe Luft machen will.

Ich komme zu den drei Punkten.

Den ersten und dritten gebe ich jedenfalls zu; für den zweiten haben ich meine Wünsche, aber gegen ihn meine Bedenken.

Daß das vormärzliche Regierungssystem sich in Dinge gemischt hat, die es, dafern und solange nicht Unwirthschaft und Mißbräuche ein wohlthuendes Eingreifen bringend erheischten, andern Organen hätte überlassen können und sollen, ist eine so allbekannte Sache, daß ich mich darüber ganz kurz werde fassen können. Es sollte aber, wenn wir nicht in einer Zeit leidenschaftlicher Verblendung und hohler Phrasendreherei lebten, eben so eine allbekannte Sache sein, daß die Regierung seit Jahren auf dem ehrlichen Wege begriffen ist, derlei Agenden von sich abzuwälzen und den zur Verwaltung derselben selbstberechtigten Organen zu überlassen. Was für ein theils sinnloses theils böswilliges Geschrei ergeht nicht seit Jahren über das Concordat von Leuten, die es nie gelesen oder, wenn gelesen, nicht verstanden haben, oder, wenn verstanden, nicht verstehen wollen! Um den politischen Instinct, nicht etwa unserer großen Massen, sondern unserer — ut lucus! — sogenannten Gebildeten ist es wahrhaftig armselig bestellt. Denn sonst hätte man es längst einsehen müssen, daß das Concordat, d. i. die vertragsmäßige Verständigung der Staatsgewalt mit der katholischen Kirche der erste Schritt heraus ist, aus dem bisherigen System der staatlichen Bevormundung von Dingen, welche der freien Selbstverwaltung überlassen sollten; sonst hätte man es überall verstehen müssen, was der Cultusminister im Reichsrathe so entschieden betont hat, daß gerade in dem Concordate die Bürgschaft liegt, daß die Regierung bereit und gewillt sei, auch mit den andern Confessionen des Reiches in jenes Verhältniß der gegenseitigen Verständigung zu treten, wie dieß auch der Kaiser seit dem Jahre 1849 wiederholt und nachdrücklich verheißen hat; sonst müßte es uns längst klar geworden sein, daß wir in manchen andern Kreisen nichts anders zu wünschen haben als daß die Verhältnisse durch ein Concordat geregelt würden, d. h. durch eine ehrliche, loyale Verständigung der Staatsgewalt mit den selbstberechtigten Körperschaften über die Gränzen ihres gegenseitigen Wirkungskreises. Nehmen Sie z. B. die sogenannten Landesfonde. Ich mache Sie auf einen Correspondenzartikel aus Oberösterreich in der Beilage zu dem heutigen, d. h. gestrigen „Vaterland" aufmerksam; denn ich bin, so wenig Sie es nach meinen bisherigen Auslassungen vermuthen mochten, ein Leser und ein fleißiger Leser, mehr noch bin ich ein Proselytenmacher des Vaterlandes. Es ist ein Blatt bestimmt ausgesprochener Ueberzeugung, wenn auch nicht meiner Ueberzeugung, und solche Blätter brauchen wir; solche Blätter muß jedes Land und Volk haben, in dem ein gesundes politisches Leben erwacht ist. Dabei ist es ein elegant ausgestattetes, ein gut redigirtes, wie seinem Inhalte nach ungemein reichhaltiges Blatt. Wie gesagt, ich werde Proselyten für das Blatt und habe noch keinen gemacht, der es mir nicht gedankt hätte, obgleich es durchaus Anti-Majoritätler waren und blieben. Doch um auf die Landesfonde zurückzukommen. Ist das recht und billig, daß noch bis zu diesem Augenblicke der betreffende Statthalter fast unumschränkter Herr und Gebieter über Mittel ist, denen man ihren staatsrechtlichen Ursprung als Eigenvermögen gewisser Länder oder Landestheile nicht abläugnen kann, und deren Gebarung und Verfügung daher einzig und allein den berechtigten Organen der betreffenden Länder oder Landestheile, natürlich unter Oberaufsicht und Controlle der Regierungsorgane, zustehen dürfte? Wäre es nicht gut wenn auch hier ein „Concordat" die gegenseitigen Befugnisse und Verbindlichkeiten regelte? Und so gäbe es noch manches andere; doch das würde mich zu lange aufhalten.

Auch über den dritten Punkt werde ich mich mit Ihnen schnell verständigt haben. Daß der Schreibereien in unserem bisherigen Regierungssysteme zu viele waren, daß die Geschäftsführung bedeutend vereinfacht werden könne, daß die Controlle eine zu complicirte, der Instanzenzug ein zu vielgliedriger, daß den einzelnen Bezirks-, Kreis-, Landes-Chefs die Sphäre des selbst-eigenen Handelns, ohne Bericht und Anfrage, zu enge umschrieben sei, darüber sind vor allem unsere Minister einig; denn das haben sie während der Reichsraths-Verhandlungen wiederholt ausgesprochen. Es könnte da wohl manches Ausgiebige geschehen. Da sind die verschiedenen summarischen Tabellen, Hauptübersichten, Jahresberichte, Ausweise u. s. w. Keine Regierung, keine industrielle Unternehmung, kein rationeller Betrieb kann verläßlichen und in's einzelnste gehenden statistischen Materiales entbehren. Aber ist es dazu nöthig, wie es damals, als ich diente, geschah und wie es, so höre ich, zu einem großen Theile noch jetzt geschieht, daß derartige buchstaben- und ziffernreiche, mitunter voluminöse Behelfe zwei, drei, auch viermal abgeschrieben und in zwei, drei oder vier Exemplaren überreicht werden, um einem Zwecke, dem des statistischen Bureaus, zu dienen? Denn die übrigen Copien wandern mit einem „ad acta" in die Registraturen der verschiedenen Landes- und Central-Behörden auf — Nimmerwiedersehen. Da sind die vielgliedrigen Rechnungs- und Controlls-Behörden. Was ich von dem statistischen Materiale gesagt, gilt in gleichem Maße von der Controlle, und zwar von einer consequenten und genauen Controlle. Mit sogenannten Stichproben, wie manche meinen möchten, geht es nicht; das öffnet der Schleuderhaftigkeit Thür und Thor und macht alle Verantwortlichkeit unmöglich; kommt etwas hervor und will man den betreffenden Beamten packen, so hat er die leichteste Ausrede: sein „Stich" hat gerade den fraglichen Punkt nicht getroffen; wer kann für den Zufall? Aber die Art und Weise, wie unsere Controllsbehörden organisirt sind, hat eine unnöthige Vervielfältigung des Geschäftes herbeigeführt. Ein großer Theil der Arbeitskraft wird in der Controllirung des eigenen Geschäftsbetriebes, in der ängstlichen Ueberwachung der Controllsbeamten vergeudet. Vielleicht die Hälfte der Arbeit und folglich die Hälfte der Beamten könnte durch eine zweckmäßigere und liberalere innere Organisirung erspart werden. Da ist endlich die Finanzwache. Darüber sind im Reichsrathe viele beredte Worte gefallen. Welche große Summen, welches noch ungleich bedeutendere Capital von Gehäßigkeit könnte die Regierung in Ersparung bringen, wenn sie an die Stelle der in das innerste der Häuslichkeit bringenden Ueberwachung, die sie durch ein Heer von schlecht bezahlten „Angestellten" üben muß, ein zweckmäßiges System der Pauschalirung zu setzen verstünde? Man muß das selbst erfahren haben, man muß mit den Leuten, die es trifft leben, man muß die bemüthigenden Plackereien, denen man auf Schritt und Tritt ausgesetzt ist, kennen, um darüber sprechen zu können. Von oben herab sieht sich die Sache freilich ganz anders an.

Ich bin bei dem zweiten Punkte angelangt, über den ich mich des Breiteren auslassen muß.

Die Frage ist keine andere als die: Können wir mit Aussicht auf Erfolg daran schreiten, einen Theil der Geschäfte, die heute von Staatsbeamten verrichtet werden, von autonomen Organen besorgen zu lassen? denn das müssen wir uns von vornherein klar machen. Wenn die Herren die „Autonomie" der „Bureaukratie" entgegenstellen, so sollte man meinen, bei der ersteren werde es auch mit dem Beamtenthum ein Ende haben. Aber ihr lieben Herren, werdet ihr die Arbeit selber verrichten? Mit nichten! An die Stelle der Staatsbeamten werden neue Beamten treten, und da haben wir denn wohl ein Recht zu fragen: Werden diese besser sein als jene, wird das allgemeine Interesse dabei besser fahren?

Mein lieber Freund, es ist der Bureaukratie in der letzten Zeit soviel Böses nachgesagt, es ist soviel hier von Beamtenhochmuth und Beamtentyrannei, dort von Langsamkeit, von Schwerfälligkeit, von Verkehrtheit der Geschäftsbehandlung u. dgl. vorgebracht worden, daß es wohl die Billigkeit verlangt, auch einmal die Kehrseite des Bildes vorzuzeigen. Und glauben Sie ja nicht, mein Bester, daß der ehemalige Kreiscommissär aus mir spreche. Den habe ich längst ausgezogen. Seit mehr als zwanzig Jahren habe ich die aktive Rolle des Beamten mit der passiven des Beamteten vertauscht und, wenn es auf das Capitel der kleinen Schmerzensschreie ankäme, so könnte ich aus der Zeit meines Landjunkerthums leicht mit ein paar Dutzend selbsterlebter Geschichtchen aufwarten. Doch das zählt nicht. Minima non curat Praetor, sagt der römische Jurist. Das sind nichts als Lappalien, einzelne Fälle, die gegenüber der großen Staatsfrage, um die es sich handelt, gar nicht in's Gewicht fallen. Der einzelne Beamte mag hie und da, ich will es zugeben, häufig hochfahrend gegen die Parteien sein, mag die Leute grob anlassen, mag Dinge in die Länge ziehen, die sich kürzer abthun ließen, die Bureaukratie mag, ich stelle es nicht in Abrede, in vielen Stücken pedantisch und umständlich sein — aber im großen ganzen, das sollte man nie verkennen, ist unsere Bureaukratie **ehrlich**, sie ist **uneigennützig, sie geht den geraden Weg**. Wie oft hat eine rigorose Vormundschaft unter Oberleitung der Regierungsorgane ein aristokratisches durch leichtsinniges Schuldenmachen des verstorbenen Herrn Papa oder Großpapa zerrüttetes Vermögen vor dem völligen Ruin bewahrt? Wie oft haben die Staatsbehörden einem durch einen unwirthschaftlichen Vorstand an den Rand des Abgrundes gebrachten Kloster oder Stifte während der Zeit einer consequenten Vacatur wieder auf die Beine geholfen! Ich läugne nicht, daß diese Vacatur oft länger gedauert hat, als es absolut nothwendig war, daß während derselben mitunter — denn der Staat hat verschiedene Kostgänger, wie unser Herrgott — Dinge vorfielen, die besser unterblieben wären; aber die Hauptsache war jedenfalls gewonnen: das Klostervermögen stand wieder aufrecht da und die Conventualen konnten wieder einen Abt wählen.

Ich wiederhole, was ich früher gesagt: man verwechsle nicht die Bureaukratie mit dem Regierungssystem, schiebe nicht jener in die Schuhe, was einzig diesem zur Last fällt. Der Beamte ist, wie der Soldat, der treue Diener seines Herrn; er thut, was ihm befohlen wird, er ist das, was man aus ihm macht. Gebt ihm freisinnigere Institutionen, und er wird in der freisinnigeren Richtung eben so gewissenhaft und unverdrossen seinen Mann stellen, wie er bis jetzt in der engherzigen, pedantischen seine Schuldigkeit gethan hat.

Der Beamte ist häufig eckig in seinem Benehmen, schwerfällig in seinen Bewegungen, ängstlich und kleinlich in der Art und Weise wie er die Dinge anfaßt und behandelt. Aber der Beamte ist im Allgemeinen unzugänglich, er ist pünktlich, er ist strenge, der Beamte liefert, wenn ich den Ausdruck gebrauchen soll, solide Arbeit. Das ist in einer Zeit, die nur zu sehr in allen Dingen dem Leichtsinn und der Oberflächlichkeit zuneigt, eine nicht zu verachtende Eigenschaft. Und die Bevölkerung erkennt das an! Der Beamte, wenn auch sein Auftreten und Eingreifen den Einzelnen manchmal drückt und unangenehm berührt, genießt das Vertrauen der Bevölkerung und zwar genießt er es, was sehr bezeichnend ist, in erhöhtem Grade in Ländern, wo die hochtönenden Phrasen des Tages sich am meisten gegen ihn auslassen, in Ländern, wo es an einheimischen geschulten Leuten noch fehlt, oder wo der zum Leichtsinne oder zum Intriguenwesen hinneigende Genius des Volkes sich dem strengen Dienste nicht so leicht fügt und wo darum der deutsch = österreichische Beamte — denn das ist die wahre Kerntruppe des Beamtenheeres — den Landeskindern als Fremder gegenüber steht. Wiederholt sich nicht heute in Ungarn mit photographischer Genauigkeit das Schauspiel, von welchem ältere Leute, die früherer Zeit in Italien gedient haben, zu erzählen wissen. Was war das im lombardisch=venetianischen Königreiche, bevor man so unklug war, dem wohlberechneten Zeitungsgeschrei nachzugeben und die „deutschen" Beamten so viel als möglich aus dem Lande zu ziehen, was war das nicht für ein Zetergeschrei über die Südthyroler, über die Istrianer, über die Görzer und Krainer, die bei allen Stellen und Gerichten zu finden waren! Aber wie verhielt sich der gesunde Sinn der Bevölkerung zu diesem Zetermordio des Carbonarismus? Gerade die „deutschen" Beamten waren es, die sich des besondern Vertrauens der Bevölkerung erfreuten, und hoch oder niedrig, Signore oder Colono athmete leichter auf, wenn er die Behandlung seiner Angelegenheit in den Händen eines „deutschen" Rathes wußte. Ich mag die Sache nicht weiter ausspinnen, obgleich mir mein Brief-Portefeuille aus Ungarn ein reichhaltiges Materiale bieten würde. Es ist mir von manchen der ungarischen Herren berichtet worden, die gewaltig über die Fremdherrschaft in Ungarn zu peroriren wissen, die aber, wenn es sich um praktische, d. h. ihr eigenes Interesse berührende Angelegenheiten handelt, nichts weniger als ungehalten sind, wenn sie die Entscheidung derselben von einem „Schwaben"=Referenten zu erwarten haben; ja ich habe sogar von solchen vernommen, die ausdrücklich . . . Doch, wie gesagt, ich will nicht näher darauf eingehen und frage Sie nur: kann es ein glänzenderes, kann es ein unpartei=

ischeres Zeugniß für die Gediegenheit der österreichischen Bureaukratie, für die Redlichkeit und Tüchtigkeit des deutsch-österreichischen Beamten, des „Schwaben" und Böhmen, geben als solche Thatsachen?

Auch die Autonomie wird ihre Organe haben müssen. Denn, ich wiederhole es, die Geschäfte **müssen** verrichtet werden, und das nicht nur so nebenbei, liebhabermäßig, wenn man gerade Zeit und Lust hat; sie müssen, sollen nicht Stockungen eintreten und Verwirrung entstehen, Tag für Tag, müssen regelmäßig und ordentlich abgemacht werden. Wird sich die Autonomie so verläßliche Organe verschaffen als sie sich der Staat heranzuziehen weiß? Seid ihr gewiß daß eure Leute die Arbeit ebenso gut und sauber, ebenso pünktlich und gewissenhaft, seid ihr gewiß, daß sie sie ebenso **wohlfeil** zu Stande bringen werden? Verzeiht mir, liebe Herren, wenn ich nach den **neuesten** Erfahrungen stark daran zweifle? Die kaiserliche Regierung weiß davon zu erzählen, in welchem Zustande sie vor zwölf Jahren die „Autonom" verwalteten Fonde Ungarns und Siebenbürgens übernommen hat. Da waren Interessenrückstände noch einmal so groß als der Hauptstamm; da waren Stiftungscapitalien ohne alle Sicherheit ausgeliehen; da waren Summen, die auf dem Papiere standen, in Wirklichkeit aber nirgends mehr aufzufinden waren. „Ich versichere Ihnen", schrieb mir vor einiger Zeit ein Landsmann, „aus ihrer Rocktasche heraus habe ich mir mehr als einmal von den Leuten, die zu mir sich Rath zu erholen kamen, Urkunden über Stiftungen geben lassen, für deren Sicherstellung nicht das Geringste geschehen war und die ohne alle Evidenz wahrscheinlich dem gleichen Schicksale, wie so viele hundert andere vor ihnen, entgegen gegangen wären, wenn ich die Sache nicht in die Hand genommen und in das rechte Geleise gebracht hätte." Soll es so aussehen in dem autonomen Lande der Verheißung, wie es bisher darin ausgesehen hat?! Da war Leichtsinn und Verschleuderung, da war Nepotismus und Vetterschaft, da war gegenseitiges Händedrücken und Augenzudrücken an allen Ecken und Enden!

Mein lieber Freund! Autonomie ist ein recht schönes Wort; die Idee ist eine herrliche, erhabene, begeisternde; aber haben wir, sind wir die Menschen dazu? Besitzen wir die Uneigennützigkeit, die Opferwilligkeit, die Selbstbeherrschung, welche die Verwirklichung dieser Idee erheischt? Erhebe Dich aus Deiner Grube, Diogenes, und suche mit Deiner Laterne die Leute wie wir sie brauchen! Erinnern Sie sich an die köstliche Geschichte, welche, wie Sie mir vor Jahren mitgetheilt haben, dem Statthalter Emminger in einer Gemeinde auf einer seiner Rundreisen leibhaftig passirt ist. „Ja, meine lieben Leute, wenn ihr eure Sachen nicht besser in Ordnung zu halten versteht, dann werde ich mich genöthigt sehen einen meiner Beamten über euch setzen!" „„Darum wollten wir gar schön gebeten haben, gnädiger Herr!"" — — —

Also soll das Princip der Selbstverwaltung ganz und gar aufgegeben werden? Keineswegs! Aber als Endziel wie soll es hergestellt werden; als Endziel, auf welches nach und nach hingestrebt, welchem allmählig der Weg bereitet, welches aber nur da und erst dann wirklich aufgerichtet werde, wo und wenn alle Voraussetzungen eingetreten sind, von denen die Erreichung desselben abhängt.

Ich würde keinen Augenblick anstehen in meinem Böhmen, in dem „Californien an Intelligenz", wie es Minister Bach bei Gelegenheit seines Besuches des böhmischen Museums genannt hat, nach und nach autonome Organe für einen großen Theil der Geschäfte eintreten zu lassen, die bisher von den untern Organen der Staatsverwaltung besorgt werden. Es steckt ein Ernst, ein gewisser, im geselligen Leben nicht immer angenehmer, aber im Geschäftsleben desto achtenswertherer Pedantismus in unseren Leuten, der auch die Hoffnung auf einen baldigen guten Erfolg hegen läßt. Ich habe aber mit Vorbedacht „für einen großen Theil" jener Geschäfte gesagt, nicht für alle, und unter allen Umständen würde ich daneben das controllirende Organ eines Regierungsbeamten, heiße er wie er wolle, mit einem möglichst geringen Personale wachen lassen.

Aber gerade in jenem Lande, das mit seiner bis in die letzte Zeit bestandenen Autonomie am gewaltthätigsten groß thut und diesen mißverstandenen Ausdruck überall im Munde führt, wo es den bestgemeinten Unternehmungen der Regierung Prügel unter die Füsse werfen will, gerade in diesem Lande würde ich am bedächtigsten vorgehen. Täuschen wir uns nicht, mein lieber Freund; lassen wir uns nicht täuschen! Ein großer Theil der Majorität-Herren im Reichsrathe verfocht, vielleicht à son insçu, zunächst die Interessen ihres Standes; die meisten von ihnen, ich will es annehmen, glaubten damit zugleich die Interessen ihres Monarchen, die Interessen ihres Vaterlandes zu verfechten. Allein diese Herren sollten denn doch stützig werden, wenn sie wahrnehmen, daß sie mit so manchen ihrer beliebten Schlagworte sich auf gleicher Linie mit Leuten befinden, deren subservise Tendenzen sie gewiß am entferntesten sind zu theilen. Denn das ist die Strategie aller Revolutionen, dem Throne, auf dessen Umsturz sie es abgesehen haben, jene Diener und Organe zu verdächtigen, die seine festesten Stützen sind. Brauche ich auf das allerneueste Beispiel des unglücklichen verrathenen und verkauften Königs von Neapel hinzuweisen, dem man seine treuesten Rathgeber, seine Soldaten eines nach dem andern herausfiloutiert hat, bis der arme Prinz zuletzt im Sturme dastand, wie ein kahler Baum, dem alle seine schützenden Aeste abgehauen worden sind. Das ist das Schöne, das Erhebende, das Nutzbringende an der Geschichte — wenn man sie nur anders sich zu Nutzen machen will! — daß sie für alle Lagen des großen Völkerlebens drastische Beispiele bietet, was man thun und was man lassen soll. Wie oft ist mir in den letzten Monaten, als ich so manches sah, was ich lieber nicht gesehen hätte, die Geschichte von Hippias und dem Verschwörer Aristogiton eingefallen. Aristogiton hatte eine Geliebte, Cnaina mit Namen. Diese repräsentirt mir die ehrliche, die heroische Revolution; als sie auf die Folter gespannt wurde, biß sie sich die Zunge ab, auf daß sie nicht zur Verrätherin an der Sache ihres Freundes werde. Aber Aristogiton, der Urahn, das Prototyp der pfiffigen Revolution, stellte es klüger an. Der Beherrscher von Athen ließ ihn auf die Folter spannen: „Nenne mir Deine Mitverschworenen!" Aristogiton nannte einen Mann aus des Hippias unmittelbarer Nähe; dieser ließ ihn hinrichten. „Nenne die weiteren!" Aristogiton nannte einen zweiten, einen dritten, einen vierten, durchaus Männer, die Hippias bisher in seinem besonderen Vertrauen und für seine treuesten Diener gehalten hatte; einer nach dem andern verfiel dem Henker. „Wen kannst Du noch nennen!" „„Jetzt weiß ich keinen Deiner besten Freunde mehr, den ich mir zum Opfer bringen könnte!""

Ich denke, Sie erlassen mir jede Nutzanwendung und gestatten mir, daß ich diesen Brief schließe, der ich verbleibe immer wie immer

Ihr

in seinen Ansichten autonomer

—onewitz Dienstag den 9.

Mein Freund!

Alle Staatskunst, in inneren wie äußeren Angelegenheiten, hat zwei einfache Hauptgrundsätze, auf deren einem sie je nach der Lage der Dinge ruhen muß, wenn sie ihrem Namen Ehre machen will.

Der erste lautet: Nach einer gewaltsamen Umwälzung, nach einem großartigen und entschiedenem Umschwung aller Verhältnisse aufräumen so schnell als möglich, hinauswerfen was darinnen, weil es an der Wurzel angefressen war, dem Sturme nicht Stand zu halten vermochte, weglöschen alles, was durch seinen mit den geänderten Anforderungen und Ansprüchen der Zeit nicht mehr zu vereinigenden Bestand die Revolution hervorgerufen hat, und dann mit sicherem Blick und kühner Hand ein von Grund aus neues Gebäude aufführen, welches dem berechtigten Zeitgeiste, den gesunden Zeitrichtungen entspreche und darum den Staatsverband vor der Wiederkehr neuer Katastrophen, die immer nur in krankhaften Zuständen ihren Grund haben, bewahre.

Der zweite lautet gerade entgegengesetzt, weil er für

die gerade entgegengesetzte Lage, für den nicht gewaltsam gestörten, erschütterten Verlauf der Dinge gilt: Das Bestehende achten, nicht unvorsichtig rütteln an den Grundpfeilern, auf denen der weite Bau der Verfassung und Verwaltung, der Gesellschaft und des Verkehres ruht, nichts Wesentliches in Frage stellen, den Gedanken der Instabilität der Regierung nicht aufkommen lassen, aber dabei unausgesetzt mit gespannten Ohren nach den Mahnrufen der Zeit hinhorchen, die berechtigten vernünftigen, zeitgemäßen Forderungen von den unberechtigten, unvernünftigen, zeitwidrigen scheiden und mit klugem Sinn und bedächtiger Hand allmählig, unmerklich fast, immer an das Vorhandene anknüpfend, den Uebergang zum Besseren bereiten.

Durchfliegen wir den zwölfjährigen Zeitraum, den wir seit den Jahren der Verirrung und Verwirrung hatten und haben, so müßen wir gestehen, daß die Regierung unseres Kaisers nach der siegreichen Bekämpfung der Rebellion alles gethan hat, was eine starke ihres Endzieles klar bewußte Regierung thun konnte. Mit festem Griffe wurde der Punkt erfaßt, von welchem aus die Einheit des früher zweigetheilten Reiches zu gewinnen war, mit unbeugsamer Consequenz wurde er festgehalten, mit unermüdlicher Thatkraft wurden verbesserte Einrichtungen in jene Theile des Gesammtstaates verpflanzt, die derselben so sehr bedürftig war. Bis zu dem verhänignißvollen Tage, da infolix Felix eines plötzlichen Todes verblich, stand Groß-Oesterreich stark und kräftig, von seinen Freunden geachtet, von seinen Feinden gefürchtet da! Wir alle, die es mit dem Vaterlande aufrichtig meinten, hatten wohl auch damals so Manches zu beklagen, Dieß und Jenes sagte uns nicht zu, wir wollten es in vielen Stücken anders, besser haben, wir hatten unsere Befürchtungen, unsere unerfüllten Hoffnungen. Doch wer es uns damals gesagt hätte, daß es nicht lange dauern werde und wir würden mit vergeblichen Blicken jene Tage zurücksehnen! Ja, dazumal stand es wohl anders mit uns, da noch jene vier Säulen aufrecht standen, welche den Thron des jugendlichen kräftigen Kaisers stützten, von denen seitdem drei in Staub zerfallen sind, die vierte von der Stelle gerückt ist. Felix Schwarzenberg und Franz Stadion! Par nobile fratrum! Wohl hatte jeder von ihnen seine verwundbare Seite; Schwarzenberg mit seinen nicht aus Vorurtheilen der Geburt — niemand hatte deren weniger — entsprungenen, aber durch die eigenthümlichen Verhältnisse seiner wechselvollen diplomatischen Laufbahn herangewachsenen souverainen Verachtung alles dessen, was öffentliche Meinung, Volksstimme heißt; Stadion mit seiner krankhaften Sucht nach neuer, nichtdagewesener, mit seiner dieser Sucht entstammenden, gleichmacherischen Departementalpolitik, welche dann, zwar nicht in ihrer schroffen Aeußerlichkeit aber in vielen ihrer wesentlichen Consequenzen auf seine Nachfolger übergegangen ist. Aber es waren feste unerschütterliche Säulen, diese beiden Männer, und Bach und Bruck standen zu ihnen, fest und einig in allen großen Fragen, klar des Zieles, der Mittel sich bewußt, Oesterreich siegreich auf der Bahn innerer Reformen vorwärts zu führen, Oesterreich stark und mächtig nach außen hinzustellen!

Stadion stand nicht lange seinem großen Freunde zur Seite, Schwarzenberg selbst stieg zu früh in die Gruft seiner Ahnen, Bruck schied aus dem Ministerium, Bach allein blieb zurück, der Erbe von Stadion's Plänen und Entwürfen, der Executor seines politischen Testaments. Jedermann ist einig über die geistigen Vorzüge dieses Mannes; aber er litt an einem großen Mangel und er hat einen Fehler begangen, ben sich ein selbstständiger Staatsmann nie vorwerfen lassen soll! Bach hatte auf weiten Reisen nach England und Frankreich, nach Italien und dem Orient seinen reichen Geist ausgebildet, seinen klaren Blick geschärft, seiner raschen Auffassungsgabe vielseitige Nahrung geboten; aber in den weiten Gauen seines Vaterlandes war er nirgends zu Hause als in Wien; er kannte aus eigener Anschauung die Verhältnisse keines Kronlandes, mit Ausnahme gerade derjenigen, in welchen von der nationalen Vielgliebrigkeit, von der eigenthümlichen Parteibildung der österreichischen Länder und Völker so gut wie nichts zu finden ist. Wäre Bach unter Verhältnissen aufgewachsen, wo ihm das schwierige Verständniß dieser vielgestaltigen Potenzen unabweisbare Nothwendigkeit gewesen wäre, ja hätte er nur in einem der Länder wie die Bukowina oder Dalmatien, oder Krain, durch längere Zeit „gedient", er würde als ein ganz anderer Minister des Innern dagestanden haben. Aber so war er nicht abzubringen davon, durch die Brille zu blicken, welche ihm die sehr gelehrten, aber mit den österreichischen Verhältnissen sehr unbewanderten Germanisirer vorhielten, die Männer, in deren Schule er von Kindsbeinen an gegangen war. Oesterreich war ihm ein deutscher Staat. Alle Bildung in Böhmen und Ungarn war ihm deutschen Ursprungs. Alle Sprachen und Literaturen außer der deutschen waren ihm eitles Spielzeug, selbstgefällige Liebhaberei, Nationalitätenschwindelei. Die Donau war ihm ein deutscher Strom und der berühmte „deutsche Städtekranz um das schwarze Meer" hat gewiß an ihm einen warmen Bewunderer gefunden. Heutigen Tages sehen es wohl alle jene Männer ein, daß sich die Dinge in der Fülle des Lebens doch etwas anders verhalten, als sie sich in ihren Träumen eingebildet, in ihren Declamationen auf Treu und Glauben ihm vorgespiegelt! Heute erkennen sie es wohl, daß wir nie dahin gekommen wären, wo wir, dem Himmel sei's geklagt, jetzt stehen, wenn nicht durch zehn unwiederbringliche Jahre die gerechtesten Begehren, die billigsten Wünsche der andenssprachigen Völkerschaften überhört, mißachtend abgewiesen worden wären.

Es fällt mir nicht ein zu behaupten, daß die ganze Schuld dieser unglückseligen Germanisirungs- und die Uniformisirungsmanie Bach zuzuschieben sei; ich gehe weiter und bezweifle, daß ihm auch nur der größere Theil dieser Schuld zur Last zu legen sei. Hierzulande glaubten wir vielmehr die Strahlen, welche sengend auf jede Regung der berechtigsten nationalen Bestrebungen fielen, von einem anderen Brennpunkte auslaufen zu sehen. Und so war es gewiß mit anderen, was die öffentliche Meinung mit allerhand gehässigem Beiwerk an den Namen Bach's knüpfte. Viele wollten unterrichtet sein — und diese Ansicht hat auch in öffentlichen Blättern vielfältigen Ausdruck gefunden — daß nicht er es sei, der dem jahrelang vergeblich erwarteten Gemeindegesetz den Weg in die Oeffentlichkeit versperre, der die Vorschläge der heiß ersehnten Landesstatute in seinem Pult verschlossen halte u. s. w. Aber wenn dem so, dann liegt hierin der unverzeihliche Fehler, dessen sich, wie ich oben angedeutet, Bach schuldig gemacht. Wenn er sich den klaren Blick bewahrt hatte, um einzusehen, daß die besten Absichten seines kaiserlichen Herrn durch unverzeihliche Verschleppung, durch engbrüstige Nergeleien vereitelt und verkümmert werden, wenn er der Mann der Ueberzeugung war, daß der Weg, auf welchem die heiligsten Interessen des Thrones und Reiches, die begründetsten Erwartungen der Völker irregeführt wurden, an den Rand des Verderbens führen müße, dann hatte er etwas anderes zu thun, als sich zum empfindlichen Nachtheil seines wohlbegründeten Rufes an einen Posten zu klammern, auf welchem er nicht mehr durchführen konnte, was er für zweckmäßig und heilbringend erkannte.

Es kamen die Unglückstage von Palästro, vom Ticino, vom Mincio, es kam der Trauertag von Villafranca. Da riß der Vorhang des Tempels mitten entzwei und die Götzen stürzten zu Boden, denen verblendete Diener bisher Weihrauch gestreut hatten. Man erkannte, daß man vom wahren Wege abgeirrt sei, daß man eine andere Richtung einschlagen müsse. Das konnte, das sollte man. Was versäumt worden, ließ sich rasch einholen, was gefehlt war, ließ sich verbessern und Freude wäre an die Stelle der Trauer, neuerwachtes Selbstvertrauen an die Stelle der dumpfen Betäubung getreten. Aber um Alles in der Welt durfte man nicht, gerade in solcher Lage nicht, an der bestehenden Grundlage rütteln, durfte nicht über Nacht alles in Frage stellen, was bisher als Recht gegolten hatte, durfte nicht mit überstürzter Eile an dem Werke einzureißen beginnen, an dessen schwierigem Aufbau man sich zehn Jahre lang abgemüht hatte, durfte nicht allen kaum zur Ruhe gebrachten Leidenschaften einen willkommenen Tummelplatz aufthun!

O erlassen Sie mir es, mein lieber Freund, Ihnen alle die Steine aufzuweisen, über die man nacheinander, seitdem man Kopf und Muth verloren hatte, gestolpert ist! Es ist eine Reihe von Niederlagen, trauriger als die von Palästro, vom Ticino und vom Mincio. Gott schütze Oesterreich, daß nicht auch für seine innere Politik ein Tag von Villafranca komme! Und das haben sie weidlich ausgenutzt, die Herren der Majorität im Reichsrathe! Sie haben sich nicht die Mühe genommen die Sache des Breiteren darzulegen, sie haben sich mit der kurzen Phrase begnügt: „Wohin wir mit der bisherigen Verwaltung gekommen, das haben wir vor uns! Was das System der letzten zwölf Jahre für Früchte getragen, das liegt vor Aller Augen!"

Damit meinten die Herren ein argumentum ad hominem ausgesprochen zu haben! Ich gestehe Ihnen, daß ich bis zum letzten Augenblicke der Session gewartet habe, es werde ihnen von der Ministerbank geantwortet werden. Und lag etwa die Antwort so fern? lag sie nicht für jeden besonnenen Mann der Regierung auf der Hand? Unser Kaiser hat die Regierung übernommen inmitten einer weitverbreiteten blutigen Revolution; er mußte den zerstampften aufgewühlten Boden ebnen, er mußte die verwirrten, aufgereizten Gemüther zur Ruhe, die zerrissenen aufgelösten Verhältnisse in Ordnung, eine geregelte zeitgemäße Verwaltung in Gang bringen. Bis in die ersten Monate des Jahres 59 hinein, durch beiläufig zehn Jahre, ist auf diesem Wege unbeirrt fortgeschritten worden. Aber sind zehn Jahre eine Zeit für solch ein Unternehmen? Können zehn Jahre den Prüfstein abgeben für eine solche Riesenaufgabe? Und doch hat die Lösung derselben die Probe bestanden; denn der Boden war geebnet, die Gemüther waren zur Ruhe, die Verhältnisse in Ordnung, die Verwaltung in Gang gebracht! Da trat ein was ich früher angedeutet. Schon vor den Schlachten am Ticino und Mincio, noch vor dem Beginne des Feldzuges hatte man in der inneren Verwaltung die Courage verloren. Der unglückselige Erlaß in der Sprachenfrage war der erste Trompetenstoß zum Rückzug; so zum mindesten wurde er von der öffentlichen Meinung ausgelegt und man muß gestehen, daß die öffentliche Meinung durch das, was folgte nicht Lügen gestraft wurde. Denn nun begannen die immer wachen Widerſacher der Regierung ſich zu ſammeln, das aufgegebene Terrain behende einzunehmen, von der Vertheidigung zum Angriff überzugehen. Nun bekamen wir, noch während des Feldzuges und mit verſtärkter Gewalt nach dem unglücklichen Ausgange deſſelben, die großen Schmerzensſchreie aus Debreczin, aus Krakau zu vernehmen; nun hatten die Zeitungen von Verſammlungen der Univerſitätsjugend, von Deputationen, von Adreſſen zu berichten. Es kam das Proteſtantengeſetz, das hochherzige Geſchenk einer katholiſchen Regierung, wie deſſen kein proteſtantiſches Land ſich zu erfreuen hat; das Geſetz, das den evangeliſchen Bekennern eine freiere Bewegung geſtattete, als das Concordat den katholiſchen; das Geſetz, nach deſſen Erſcheinen das ganze proteſtantiſche Deutſchland nur eine Stimme des Lobes und der Anerkennung ertönen ließ. Allein es wurde verworfen, weil es von der Regierung kam; es wurde von der Regierung ſelbſt mit einem mea culpa, mea culpa, mea maxima culpa zurückgenommen. Neues Triumphgeſchrei der Oppoſition um jeden Preis! Es kam die Aufhebung der Statthaltereiabtheilungen in Ofen, Preßburg, Kaſchau, Großwardein und Oedenburg, die Jahre lang ſchon von der regierungsfeindlichen Partei voraus verkündigt worden war. Abermalige Jubel-Fanfaren! — — — Was beweiſt dieß alles? Doch wohl nicht, daß man den Maßſtab deſſen, was jetzt geſchieht und was die Folge des jetzt Geſchehenen iſt, anlegen dürfe, an ein Syſtem, das bis vor Jahr und Tag kräftig und aufrecht ſtand, und in vielfacher Beziehung erfolgreich gehandhabt worden iſt?! In einem Momente, wo man, anſtatt dem Anprall einer aufgeregten Zeit feſten Fußes Stand zu halten, kleinmüthig dem kecken Gegner das Feld geräumt hat, wollen die Herren der Majorität mit den Erfolgen einer Verwaltung in's Gericht gehen, die noch bis vor wenigen Monaten ihren vollkommen geregelten Gang hatte, augenblicklich aber in Folge äußerer, von ihr unabhängiger Ereignisse gehemmt und gestört ist? In einem Augenblicke, wo man von dem Systeme der letzten zehn Jahre abgewichen ist, will man darauf hinweisen: Seht da die Früchte des Systems der letzten zehn Jahre!? Ist das vernünftig? ist das billig? ist das ehrlich?

Und keinem Vertheidiger der Regierung ist es in den Sinn gekommen, dieß den gewandten Ausbeutern jener Phrase entgegenzuhalten?

Mittwoch, den 10.

Mein Bester!

Verstehe ich Sie nicht mehr? Oder verstehen Sie mich nicht mehr? Sollte uns in der That „dieser letzten Tage Qual" in unserer Ansicht auseinander gebracht haben? uns, die wir sonst stets so herzlich zusammenstimmten, der ich Ihren ernsten Sermonen mit so mitfühlender Aufmerksamkeit folgte, der Sie an meinen launenhaften Kreuz- und Quersprüngen so viel wohlwollendes Vergnügen zeigten?!

„Seit wann ich der Aristokratie so spinnefeind geworden", fragen Sie in dem Briefchen, das ich heute Morgens erhalten? „Sonst sei ich doch andern Sinnes gewesen? Ob ich den Adel ganz aus der Verfassung hinausfegen wolle?"

Mein Freund! Qui bene distinguit, bene docet. Es ist eine andere Frage, ob ich der Aristokratie spinnefeind geworden, und eine andere, ob ich sie aus der Verfassung hinausfegen wolle.

Die erste Frage, mein Lieber, hätten Sie sich aus meinen Briefen selbst beantworten können. Würde ich es be= dauern nicht mehr auf meinem früheren Standpunkt stehen zu können, wenn ich für die Aristokratie, die ich nach meinen Ideen eine so schöne und so edle Rolle spielen lassen wollte, nicht noch eben so warm fühlte, wie früher? Aber ist es meine Schuld, wenn mir durch die Reichsrathsversammlungen herber als je der Unterschied unseres Abels von jenem des Bruderlandes Ungarn vor die Seele getreten ist? Wie schlug mir das Herz, wenn ich diese ungarischen Edlen — obgleich ich ihre politische Richtung als unheilbringend erkenne und verdamme — für die Interessen ihres Landes, für die Gefühle und Gesinnungen ihres Volkes wie ein Mann einstehen sah! Aber unsere Cavaliere? Oh, lassen Sie mich lieber schweigen; denn ich müßte bitter werden. Unsere Cavaliere? sind sie unsere?

Für die böhmische Runkelrübe haben sie im Reichsraths- saale ein Interesse gezeigt, aber nicht für das böhmische Land und Volk! Unsere Cavaliere? Haben sie denn eine Ahnung davon, was in uns lebt, was uns bewegt? Einer der böhmischen Reichsräthe erhob sich und bewies, die böhmische Nationalität habe nicht zu klagen; denn sie habe ja — eine officielle Landeszeitung in böhmischer Sprache! Risum teneatis? Unsere Cavaliere? Der Romane, der Kroate, der Dalmatiner hatte seinen warmen Fürsprecher; wir mußten uns vor aller Welt von fremden Leuten bedauern lassen, daß unser Land und Volk im Reichsrathe keinen Vertreter habe! Die böhmische Aristokratie wird sehr viel und sehr lange zu thun haben, um diese empfindliche Scharte auszuwetzen, um in der öffentlichen Meinung des Landes jene Stelle wieder zu gewinnen, die sie von Anbeginn unserer Geschichte bis auf die letzten Jahrzehende herab ruhmvoll und allverehrt eingenommen hat.

Ich komme zu Ihrer zweiten Frage: ob ich der Aristo=

kratie keine Stellung in der künftigen Verfassung einräumen wolle? Ich antworte: diejenige, die sie vor der letzten Umwälzung innegehabt hat, gewiß nicht! Warum nicht? Eben weil alles umgewälzt, weil der Boden des Gesetzes, auf welchem wir alle stehen, ein anderer geworden ist, weil es, wenn nicht geradezu eine Unmöglichkeit, doch jedenfalls ein höchst gefährliches Unternehmen wäre, das früher Dagewesene unter völlig geänderten Verhältnissen wieder zur früheren Geltung bringen zu wollen.

Ich muß hier vor allem von Ungarn sprechen; denn von diesem Lande wird es mit besonderem Nachdrucke betont, die alten Verhältnisse seien nur suspendirt, nicht aufgehoben. Wissen die ungarischen Cavaliere was sie wollen? Es scheint! Aber wissen sie auch was da kommen wird, wenn ihr nächstes Ziel erreicht sein wird? Als man zu Anfang der zwanziger Jahre daran dachte, den seit mehreren Decennien suspendirten Reichstag wieder einzuberufen, sagte ein alter Ungar zu einem ihm befreundeten kaiserlichen Beamten diese Worte: „Jetzt ist wohl großer Jubel im Land und Alles hegt die besten Hoffnungen. Aber geben Sie acht, wie es sich entwickeln wird. Die es wahrhaft loyal meinen, werden bald beiseite geschoben oder erdrückt sein. Dann wird man damit anfangen, alles zu reclamiren, was je einmal zu Ungarn gehört hat. Man wird weiter gehen und wird das Land immer mehr zu isoliren, von den andern Theilen loszulösen suchen; als Mittel wird die magyarische Sprache dienen, die man zur alleinherrschenden machen wird. Man wird endigen mit der Losreißung Ungarns von der Krone Oesterreichs... Sie sind jünger als ich; Sie können es noch erfahren, ob ich falsch geweissagt." — — — Wenn heute dieselben Elemente wieder zur Geltung kommen, meint man die

Dinge werden heute einen andern Verlauf nehmen als damals? Oder will man sich schmeicheln, dieselben Elemente wie damals würden nicht wieder zur Geltung kommen? Wer wird das hindern? Die in ihre früheren Rechte eingesetzte Aristokratie? Es ist kaum zu glauben, daß Männer, denen man ausgebildeten Verstand, reifes Urtheil, vielseitiges Wissen zuerkennen muß, denen, was hier mehr als alles sagen will, eine bedrängniß- und verwüstungsreiche Erfahrung zu Gebote steht, daß diese selben Männer sich der Täuschung hingeben sollten, sie würden heute vermögen, was sie vor zwölf Jahren nicht vermochten; sie würden ungestraft die Leidenschaften wach rufen, zur Förderung ihrer ehrgeizigen Absichten gebrauchen und ihnen dann, wenn ihr Zweck erfüllt, wieder Halt gebieten können!

Der österreichische Adel verzichte darauf eine bevorzugte politische Stellung einzunehmen, für welche, nach meiner Anschauung, ich wiederhole es, jede gesetzliche Grundlage verloren ist; er lerne es, als ein gleichberechtigter und gleichgestellter Stand mit den anderen in die Schranken zu treten und sich mit Mäßigung und Wohlwollen der überwiegenden Vortheile zu bedienen, welche ihm seine sociale Stellung unter allen Umständen bietet.

Was ist es denn, was den englischen Hoch-Torys, bei aller gesetzlichen Freiheit des Landes und Ungebundenheit des Wortes, nicht nur ihr großes Ansehen, sondern auch ihre große Popularität bis auf den heutigen Tag erhalten hat? Ich will von manch andern Momenten, z. B. von der fortwährenden Wiederergänzung ihrer Reihen aus der Classe der Gentry und des gebildeten Mittelstandes ohne Befleckung ihres Stammbaumes, nicht sprechen, weil sie für das, was ich hier zu sagen habe, von minderer Bedeutung sind. Denn für das wichtigste halte ich den Umstand, daß die englische Aristokratie mit und in dem Volke lebt. Der englische Latifundier ist auf seinen Besitzungen nichts als der angesehenste, reichste unter seinen minderbegüterten Mitbürgern, der Oberste unter seinen im Vertragsverhältnisse zu ihm stehenden Pächtern. Erinnern Sie sich nicht an die Rede jener irischen Gutsfrau bei einem Festessen, das ihre Pächter veranstaltet hatten? Die englische Aristokratie läßt es sich angelegen sein, ihren Söhnen eine politische Bildung zu geben, sie, sobald sie herangereift, in das Gemeindeleben der Wahlbezirke, in welchen sie wohlerworbenen Einfluß hat, einzuführen, sie dort mitrathen und mithelfen zu lassen. Der englische Edelmann erwirbt und verdient sich den Platz, den er zuerst im Unterhause des Parlaments, dann im Hause der Lords einnimmt. Die englische Aristokratie endlich ist keiner der Regungen fremd, welche das öffentliche und geistige Leben ihrer großen Nation in frischer Strömung erhalten; seit den Zeiten der Stuarte gibt es keine Epoche in der englischen Literatur, in welcher nicht in der Reihe der Koryphäen der Literatur oder ihren mit Recht gepriesenen Mäcenaten Söhne der edelsten Geschlechte des Landes zu finden wären. Ich sage nicht, daß in allen Beziehungen, die ich hier genannt, nicht auch unter unserem Hochadel höchst achtenswerthe Ausnahmen zu finden sind; aber ich sage mit Bedauern, daß unter unserm Hochadel Ausnahme ist, was bei dem englischen Regel. Wird unsere Aristokratie dem hochherzigen Vorbilde nachstreben, das ihr die englische vor Augen hält, dann braucht ihr um ihre künftige Stellung in der Verfassung nicht bange zu sein. Dem Namen eines altadeligen Geschlechtes wohnt ein angestammter Zauber bei, sobald er nur von dem rechten Manne getragen wird. Dabei steht dem begüterten Hochadel, wenn er es versteht, seine beneidenswerthe Stellung gemeinnützig zu machen, ein weitreichender Einfluß zu Gebote, dessen sich keine der andern, selbst vermöglichsten Classen der Bevölkerung, zu erfreuen haben.

Und so soll also, werden Sie mich fragen, der Adelige in der künftigen Verfassung nicht anders und nicht mehr zählen wie jeder andere? Wenn er nichts ist als ein Adeliger, allerdings nicht. Aber wenn er großer Grundbesitzer, wenn er Industrieller ist, so zählt er als großer Grundbesitzer, als Industrieller unter den andern großen Grundbesitzern, unter den andern Industriellen als par inter pares. Seine Sache ist es dann sich hervorzuthun und geltend zu machen. Ohne Arbeit, ohne eigenes Verdienst gibt es heute nichts, und das ist recht; das ist der große Vorsprung, der unsere heutigen Verhältnisse vor dem Kastensysteme der früheren Jahrhunderte auszeichnen soll. Das hohe Vorrecht im Namen vieler Tausende an hervorragender Stelle zu sprechen, über das Wohl des Landes zu berathen, seine Stimme in den großen bewegenden Fragen abzugeben, soll Niemandem auf dem Präsentirteller entgegengetragen, es soll von jedem erworben und erkämpft werden; denn es ist des Kampfes werth.

Es soll aber diese wichtige Stellung auch auf die rechte Art erworben und erkämpft werden; man soll sie nicht in einem Siegeslauf erhaschen können, wobei Gunst und Zufall den Ausschlag geben. Sie bedarf wahrhaft, so gut wie jede andere Berufsbeschäftigung, einer vorausgegangenen „Praxis". „Wer will mitrathen, soll früher mitthaten" — das ist der Fundamentalsatz jeder vernünftigen, jeder gesunden Verfassungs-Politik. „Wir wollen kein Journalisten- und Professoren-Parlament", sagen die Herren Bauern, meine lieben Nachbarn und Mitbürger, wenn wir auf Frankfurt und Wien im Jahre 1848 zu sprechen kommen. Das ist die Meinung der Männer vom Pflug und von der Spindel, und es ist wahrhaftig keine üble Meinung! — — —

Sie werden wissen wollen, mein Bester, was ich unter jenem „mitthaten", das dem „mitrathen" vorausgehen muß, verstehe? wie ich mir das denke? Sie werden meine Meinung vernehmen wollen über die Sprachenfrage, über die confessionelle Frage, über die bürgerliche Gesetzbuchs-Frage u. s. w.?

S a g e n will ich Ihnen, wie ich über alle diese Dinge denke, und ich glaube, wir würden bald mit einander einig sein. Aber da dürften Sie sich den Weg in meine traute Heimat nicht gereuen lassen. Denn schreiben, Freundchen, d a m i t ist's jetzt wieder auf lange Zeit vorbei. Durch acht lange Tage habe ich mich eingesperrt, habe mich vor meinen besten Freunden verleugnen lassen, habe meinen Schaffer von der Thüre gewiesen, habe an meinem Schreibtische gesessen und mir die Finger abgeschrieben, nicht als ob ich einer wäre von den glücklichen „procul negotiis", sondern ob ich einer wäre von den bureaukratischen „Schreiberknechten". Darum für diesmal Gott befohlen. Leben Sie, nicht wie Sie wollen, sondern wie Sie sollen, und bereiten Sie, damit er darauf ruhen könne, ein solides Lager von Lorbeern

Ihrem

zu Tod müden

— —

Druck von Dr. C. Wolf & Sohn in München.